suhrkamp nova

Mareike Nieberding

Ach, Papa

Wie mein Vater und ich wieder zueinanderfanden

Suhrkamp

Erste Auflage 2018
suhrkamp taschenbuch 4812
Originalausgabe

Satz: Satz-Offizin Hümmer GmbH, Waldbüttelbrunn
Druck: CPI – Ebner & Spiegel, Ulm
Umschlag: Mara Hellmann
Printed in Germany
ISBN 978-3-518-46812-8

Ach, Papa

Für meine Familie

Prolog

Wir sind ganz normal. Wir sind keine Minderheit, nicht verfolgt, haben keine Schicksalsschläge erlitten, wir sind nichts Besonderes. Was nicht heißt, dass wir nicht verwundet sind. Nicht verunsichert und verwirrt. Wir sind Tochter und Vater. Eine Familie. Und alles, was dazugehört: Mutter, Brüder, Omas, Opas, Freunde, Partner. Männer und Frauen. Von uns handelt dieses Buch.

Davon, warum die meisten Tochter-Vater-Beziehungen nach der Pubertät nicht mehr dieselben sind. Davon, ob man als Mädchen mit seiner Mutter anders erwachsen wird als mit seinem Vater. Und was das mit der Emanzipation zu tun hat. Und davon, wie man sich wieder nahekommt, wenn man sich schon fast verloren hat – obwohl das niemals jemand zugeben würde. Ist doch alles o.k. Ganz normal. Familie halt.

1

Er hat mich nicht geweckt. Aber seine Geräusche im Bad. Auch zehn Jahre nach meinem Auszug erkenne ich noch jedes Geräusch im Haus meiner Eltern – den energischen Gang meiner Mutter, ihre klatschenden Tritte auf der Steintreppe. Ich höre, ob sie rauf- oder runtergeht. Ob mein Bruder die Tür vom Bad schließt (mit einem dumpfen Rums) oder mein Vater (mit tief runtergedrückter Klinke, sodass man ganz leise das Schloss einhaken hört). Jedes Familienmitglied hat seinen eigenen Sound. Unser Haus klackert. Unser Haus macht große Schritte. Unser Haus poltert. Unser Haus singt leise vor sich hin. Unser Haus hustet. Letzteres besorgt mein Vater.

Ich wache auf, mein erster Gedanke: Er hat mich nicht geweckt. Um fünf Uhr morgens soll es losgehen. Freitags. Richtung Freiburg. Eine Reise in seine Vergangenheit. Und vielleicht eine Reise in eine neue Gemeinsamkeit. »Pack deinen Koffer am besten schon heute Abend, spätestens halb sechs müssen wir los, damit wir noch vor dem Berufsverkehr an den großen Autobahnkreuzen vorbei sind«, sagt Papa am Abend zuvor, zehn nach zehn, er sitzt nach vorne gebeugt in einem der zwei graubeigen Wohnzimmersofas, die Arme auf den Oberschenkeln abgestützt, vor ihm eine Tasse Kaffee auf einem Untersetzer mit dem Spruch »Keep calm, drink coffee«. Er schaut kaum auf beim Sprechen. Im

Super-HD-45-Zoll-Fernseher referiert Sabine Leutheusser-Schnarrenberger gerade bei Maybrit Illner über Erdoğans Spione. Vor meinem Vater und mir liegen 629,9 Kilometer. Von seinem Wohnort, meinem Elternhaus in Steinfeld, Landkreis Vechta, Niedersachsen, nach Freiburg im Breisgau, in seinen Studienort, der auch der Ort ist, an dem wir vor fast dreißig Jahren unsere ersten Familienurlaube verbrachten. Denke ich an Freiburg, denke ich an Leberkässemmel, Berner Sennenhunde, Schlittenfahren, Rummikub, Eichenholz, inmitten der Erinnerungen steht ein grüner Kachelofen. Es war einmal in Freiburg.

Es gibt ein Foto von Papa und mir, wie wir in blau-weiß karierter Bettwäsche in einem Einzelbett aus Lärchenholz liegen. Uns beiden steht der Mund offen. Ich bin vielleicht vier, blond und krank – Grippe – und schlafe auf Papas ausgestrecktem Arm. Als wir das Bild zusammen anschauen, sagt er: »Es war einmal ein Vater und seine Tochter.« Präteritum.

Am Abend vor der Abreise gehe ich aufgeregt ins Bett. Ich, 29, Journalistin, seit zehn Jahren in Berlin, tippe in die Notizfunktion meines Handys: »Ich weiß nicht, ob ich dem Ganzen gewachsen bin.« Mein Vater und ich, wir waren noch nie zu zweit weg. So lange zusammen unterwegs ohne Mama oder meine Geschwister. Früher waren wir mal ein Team. Heute stehen wir uns manchmal in der Küche gegenüber, als würden wir uns zufällig auf der Straße begegnen, »Ach, du auch hier!«. Wir streiten nicht. Wir lieben uns. Aber wir sind sprachlos. Schon lange, bestimmt zehn Jahre. Über was sollten wir auch sprechen? Wir wissen ja kaum etwas voneinander. Wir kennen uns schon ein Leben lang, wer wir sind und wie wir miteinander umgehen sollen, wissen wir trotzdem nicht. Wir trauen uns ja kaum einander in die Augen zu schauen.

Er hat mich nicht geweckt. Dabei hat er mich immer geweckt: morgens vor der Schule. Wenn wir in den Urlaub fuhren. Als ich das erste Mal in Bremen in ein Flugzeug steigen sollte, mit 15, um die nächsten Monate in einer Gastfamilie in Chardon, Ohio, USA, zu verbringen. Am Weckruf waren meine Eltern gut auseinanderzuhalten. Der meiner Mutter kam vom Flur, »Aufstehen«, ein paar Sekunden später flog die Tür meines kleinsten Bruders auf, dann meine, dann die meines mittleren Bruders, der Zimmerfolge entsprechend, ihre rechte Hand knallte auf den Lichtschalter, drei Schritte zum Fenster, vier schnelle Armzüge, rechts, links, rechts, links, die Jalousie hoch, dann sperrte sie das Fenster weit auf.

Wenn mein Vater mich weckte, sagte er tastend in die Dunkelheit, »Molly, aufstehen!«. Wie er auf den Namen Molly kam, weiß er nicht mehr. Ich weiß nur, solange ich klein war, nannte er mich Molly Malone. Und solange ich Molly war, weckte er mich nicht nur, bevor wir in den Urlaub fuhren, sondern trug mich danach im Schlafanzug, samt Decke und Kissen ins Auto. Ich erinnere mich genau daran, ich schlief ja gar nicht mehr, ich stellte mich nur schlafend, meinen Kopf an seine Schulter gelegt, ließ ich einen Arm baumeln und blinzelte noch einmal in Richtung Haustür, bevor wir mit der ganzen Familie gen Süden fuhren. Vor kurzem saß ich mit meinem Bruder in einer Pizza-Kneipe in Berlin, und während wir aßen, schuckelte immer wieder ein älterer Mann mit einem Baby auf dem Arm an uns vorbei. Das Kind war wach, ließ sich aber komplett fallen. Wir schauten es an und wussten beide sofort, ohne ein Wort darüber zu verlieren, wie sich diese Geborgenheit anfühlt. Schwerelos.

Um 5 Uhr morgens komme ich die Treppe runter. In schwarzen Socken. Bei genauem Hinhören hätte man ein »Swoosh« vernommen, das meine Hand beim Hinuntergleiten des metallenen Geländers gemacht hat. Papa ist seit Viertel vor 4 Uhr wach. Er sitzt am Küchentisch. Er hat schon Brötchen geholt, BILD-Zeitung gelesen, sich rasiert. Er ist ein großer Mann, über 1,90, trotzdem kommt er mir an diesem Morgen klein vor. Als liege ihm das kommende Wochenende auf den Schultern. Mein Vater ist 60, aber in meiner Vorstellung ist er nie älter geworden als Mitte 40 und sieht für immer aus wie auf diesem Urlaubsfoto, das ich auf Sylt von ihm gemacht habe: Er, in schwarzem T-Shirt am Tisch, der Hintergrund liegt im Dunkeln, er hat die Hände unter dem Kinn verschränkt, legt den Kopf ein bisschen schief. Seine Haare sind noch braun und ziemlich kurz, er ist sonnengebräunt, seine Lippen umspielt ein Lächeln, sein Blick ist zärtlich, fast ein wenig wehmütig.

Obwohl wir uns nicht sehr ähnlich sehen, sehe ich in diesem Gesicht uns alle, mich und meine zwei kleinen Brüder: das schelmische Lachen und die Katzenaugen, die wir alle drei von ihm haben. Als ich das Bild wieder herauskrame, schießen mir sofort Tränen in die Augen. Er ist wir. Er ist ich. Und ich kann nichts dagegen tun.

Manchmal frage ich mich, ob ich in zwanzig Jahren noch immer diesen großen dunkelhaarigen Mann mit den dicken Oberarmen und den vielen Sommersprossen sehe, wenn ich an meinen Vater denke. So hat er sich mir eingebrannt. Vielleicht, weil es die Zeit war, in der ich mich am stärksten gegen meine Eltern aufgelehnt habe. Vielleicht, weil es die Zeit war, in der mein Vater und ich anfingen, uns voneinander zu entfernen. Als mein Vater Mitte 40 war, saß er noch am Kopfende des Tisches, ich war ein Teenager und saß an der langen Seite zu seiner Rechten. Ihm am nächsten. Der Platz zu seiner Linken blieb frei, für Besucher. Der Tisch steht nicht mehr da, wo er früher stand. Die Sitzordnung ist abgeschafft. Das Kopfende bleibt frei. Mein Vater hat den Vorsitz abgetreten. Ich sitze nicht mehr zu seiner Rechten. Man isst nun flexibel.

Ich setze mich ihm gegenüber. Er schmiert zwei Brötchen für meinen Bruder. Mein Bruder ist 23. »Wenn du Kaffee willst, musst du dir den noch mal kurz in der Mikrowelle warm machen«, sagt er. Und: »Der ist von gestern, vom späten Abend.« Sein Gesicht versteckt er hinter den Schlagzeilen des Tages: »Gerhard (100) sucht eine Frau fürs Leben«, »Mieter verklagt Raab«, »Neues Gesetz: So erfahren Sie, was Ihre Kollegen verdienen«. Er atmet durch die Nase. Er hustet. Ich frage, wann er das letzte Mal in Freiburg war. Mit meinem kleinen Bruder auf dem Rückweg nach einem Termin in Mailand, um in Ingos Löwenkeller Schweinshaxe mit Sauce béarnaise zu essen. »Wie früher im Studium, da hatte der Löwenkeller immer bis 3 Uhr nachts auf. Mmmhh, lecker!« Früher war Papa auch für mich der Typ Mann, der für eine Schweinshaxe einen Umweg von ein paar hundert Kilometern in Kauf nimmt. Einfach so, der Unvernunft wegen. Unseren ersten Hund Trenk, einen kniehohen schwarzbraunen Mischling mit struppigem Fell, hat er in der Kneipe für sechs Mark einem Nachbarn abgekauft. An einem Schnürsenkel hat er ihn nach Hause geführt und später seinen Jagdfreunden erzählt, dieser kleine Mischling sei ein sibirischer Jagdhund, Papiere habe er auch, ja klar, die könne er nur nicht lesen, die seien schließlich auf Kyrillisch. Danach hat er so lange mit dem falschen Jagdhund apportieren geübt, bis er es genauso gut konnte wie die edlen Rassetiere der anderen. Wieso treffe ich diesen wunderbar unvernünftigen Mann nur noch so selten?

Kurz bevor es losgeht, kommt Mama in die Küche, in einem hellblauen Bademantel aus Flausch: »Ich dachte schon, ihr wärt gefahren, ohne euch zu verabschieden!« Natürlich nicht! Sie umarmt erst Papa, dann mich. Als sie mich drückt, wird mein Hals trocken, die Wehmut kriecht in meine Kehle. Die Angst, dass wir mit der Einsicht von dieser Reise zurückkommen, dass da nichts mehr ist. Dass wir uns auseinandergelebt haben. Dass wir Tochter und Vater bleiben, weil wir es nun mal sind, weil wir eine Familie sind, aber eben nur zu den dafür vorgesehenen Terminen: an Weihnachten und Ostern und wenn Mama und er mich in Berlin besuchen. Weil wir den Rest des Jahres gut ohne einander zurechtkommen. Vielleicht sogar besser.

Es ist 5:34 Uhr. Vor uns liegen 629,9 Kilometer, ein Wochenende zu zweit, eine Fahrt nach Freiburg, eine Reise zu meinem Vater.

2

Ich will. Das ist der Satz, der mich treibt. Nicht: Ja, ich will. Nicht als Reaktion auf eine Frage. Sondern als Ausspruch, als Anspruch, mit hochgerecktem Kinn und geballten Fäusten. Seit ich ein kleines Mädchen war, wusste ich, was ich wollte: Mit den großen Kindern aus der Neubausiedlung spielen. Durch die Betonröhre der Baustelle hinter dem Haus meiner Freundin Merle krabbeln. Die Kellerasseln unter den losen Steinplatten der Terrasse zählen. In die Apfelbäume auf der Wiese gegenüber klettern, bis mir vor Höhentaumel die Füße kribbeln. Das Eichhörnchen ausstopfen lassen, das mein Opa und ich tot von der Straße geborgen und danach in Omas Kühltruhe neben die Rouladen gelegt hatten. Opa starb. Oma erschreckte sich fast zu Tode, als sie ein paar Wochen später das tiefgefrorene Eichhörnchen zwischen Weißbrot und Rouladen fand.

Ich wollte ein Pony, ein Hochbett und Zeit mit meinem Papa. Ich bekam alles, nur in umgekehrter Reihenfolge.

Heute habe ich nichts mehr davon. Oder besser, fast nichts. Das Pony ist tot. Das Hochbett längst auf dem Sperrmüll, und die Zeit mit meinem Vater beschränkt sich auf die wenigen Tage im Jahr, die ich im Haus meiner Eltern verbringe, das nicht mehr mein Zuhause ist. Misst man die Zeit, die mein Vater und ich wirklich alleine verbringen, sind es wahrscheinlich nur wenige Stunden pro Jahr.

Was uns verbindet, sind Erinnerungen.

Wir waren Pferdenarren, er fuhr mich jeden Mittwoch und Freitag zum Reitunterricht und am Samstagmorgen zum Turnier. Er war seit seiner Studienzeit ein ruchloser Segler, ohne Angst und hoch am Wind. Mit zehn entwickelte ich dieselbe Leidenschaft für zu starke Böen und die Einsamkeit zwischen Schot und Ruder, ganz im Gegensatz zu meinen Brüdern, die an Booten kein Interesse hatten. Also zeigte Papa mir, wie man einen Palstek knotet und wie man den Wind auf dem Wasser liest. Das Boot liegt auf dem Trockenen und unsere Beziehung irgendwie auch. Das Boot heißt »Happy Family«.

Es bleiben die Erinnerungen an ein gemeinsames Früher. An das Mädchen, das ich einmal war und an den Papa, der dazugehörte. An ein Wir, das sich einmal so nahstand, dass es dem Wir gerecht wurde, sich aber mit den Jahren zu zwei Ichs entwickelt hat.

Wir sind einander immer noch Vater und Tochter. Einfacher macht es das nicht.

Ich will also. Ich wollte. Vor allem von zuhause weg. Mit vier Jahren packte ich das erste Mal meinen Koffer. Oder vielmehr, meinen Turnbeutel. Ich nahm mit: meine Pixie-Bücher, meine Puppe Lisa, Papas Taschenmesser. Ich klemmte mir den großen Stofftierhund mit den braunen Schlappohren unter den linken Arm und zog aus.

Ich kam nicht weit. Ich setzte mich unter die Linde im Garten meiner Eltern und wartete darauf, dass mein Papa mich wieder einsammeln würde. Weil er das immer tat, meine gesamte Kindheit und Jugend hindurch hat mein Vater mich eingesammelt, abgeholt, wieder nach Hause gebracht. Egal, wo ich war, egal, wie betrunken, egal, mit wem unterwegs. Unter der Linde, nachts um halb eins auf dem Schützenfest zwei Dörfer weiter. Morgens nach der Schicht in der Wunderbar, der Kneipe, in der ich arbeitete. Aus dem Krankenhaus, als ich mir den einen und den anderen Arm brach und die Nase.

Er sorgte dafür, dass ich wieder »an die Burg kam«, wie meine Mutter das nannte. Meinen Freiheitsdrang nahm er mit Humor. Worte der Ermahnung gab es von ihm selten. Außer wenn ich ihn zu lange warten ließ, weil ich unbedingt noch zu diesem einen Lied abdancen musste oder dem Sohn des Ferkelzüchters versprochen hatte, noch diesen letzten Fanta-Korn mit ihm zu trinken. Dann kam Papa rein und stellte sich entweder mitten auf die Tanzfläche oder zwischen mich und den Ferkelzüchtersohn an die Theke, steckte beide Hände in die Taschen seiner Cordhose und grinste breit. »Mann Papa, ey!« Was Peinlicheres konnte mir mit 15 kaum passieren.

Viele finden, mein Vater sieht gefährlich aus. Er ist groß und breit, raucht Kette, trinkt Kaffee, hat einen weißen Punkt auf der rechten Iris und eine Zahnlücke. Bisher hatten alle Männer in meinem Leben Angst vor ihm. »Kannst du rauskommen, wenn ich hupe? Dein Papa sitzt doch bestimmt mit 'ner Knarre hinter der Tür!«, sagte mein Schulfreund Georg mal. Mein Vater ist ein Bär. Aber wenn er lacht, sieht er aus wie der Junge mit den großen Ohren auf den Fotos an der Schlafzimmerwand meiner Oma. Dann legt er den Kopf auf die Seite, und seine grünen Augen blitzen. Dann wird er wieder zu dem Schelm, der er mal war.

Mein Vater hat sich nie hinter seiner Größe, Stärke, Breite versteckt. Seine Lieblingsfilme sind: alles mit Bud Spencer und Michel aus Lönneberga. Er sagt als Einziger in unserer Familie »Ich liebe dich«. Er beendet damit unsere Telefongespräche und schreibt es unter SMS. Wie an meinem 19. Geburtstag.

Das Telefon klingelte um halb acht Uhr morgens. Das konnte nur Papa sein. Wenige Wochen zuvor war ich wirklich weggegangen, zum Studium nach Berlin. Noch wohnte ich im Gästezimmer unserer Verwandten in Nikolassee. Mein Geburtstag fiel auf einen Mittwoch. Das Handy weckte mich. Ich vergrub es unter meinem Kopfkissen. Ich schlief ja noch. Wenige Minuten später piepste es. SMS: »Herzlichen Glückwunsch, meine Süße! Hab einen schönen Tag! Ich liebe Dich, dein Papsi.« Ich bedankte mich und schrieb ein zaghaftes »Hab Dich lieb« zurück.

Meine Freundinnen überhäufe ich seit ich 14 bin in Briefen, Nachrichten und E-Mails mit Liebeserklärungen. Wenn ich meinen amerikanischen Gasteltern schrieb, unterzeichnete ich mit »Love, Mareike«. Aber gegenüber meiner Familie traute ich mich nicht, meine Zuneigung zu zeigen. Ich wollte mich nicht angreifbar machen. Erst recht nicht als Teenager. Aus Angst, dass mir meine Gefühle als Schwäche ausgelegt werden könnten. Denn wer schwach ist, kriegt seinen Willen nicht. Wer schwach ist, verliert. Dachte ich. Und wahrscheinlich fürchtete ich mich auch einfach davor, dass meine Offenheit mit derselben Reaktion bedacht würde, die mein Vater von mir bekam – ein peinlich berührtes, hingenuscheltes »Ich dich auch«.

Ich weiß nicht, ob meine Mutter jemals »Ich liebe dich« zu mir gesagt hat. Ich erwarte es nicht von ihr. Ich weiß es ja auch so. Ich sehe es in ihrem Blick, wenn sie mich in der Küche mit ausgestreckten Armen begrüßt, und ich höre es, wenn sie mir auf der Mailbox eine Nachricht hinterlässt, dass ich mich mal wieder melden soll. Sie versucht dann, ihre Sorge wie Neugierde klingen zu lassen und ihre Aufforderung wie eine Möglichkeit, damit ich mich nicht kontrolliert fühle. Ihre Liebe umgibt mich. Für andere ist sie unsichtbar. Wenn es um die öffentliche Demonstration von Zuneigung ging, waren die Rollen meiner Eltern seltsam vertauscht. In anderen Familien waren stets die Mütter für die warmen Worte und zärtlichen Blicke zuständig, für eine gewisse Weichheit, bei uns zuhause war mein Vater der Tröster – er, der gnadenlose Optimist.

Das »Ich liebe dich«-Sagen schlich sich trotzdem erst mit den Jahren ein. Seit meinem Auszug hatte er es sich zur Gewohnheit gemacht. Irgendwann hörte er wieder auf damit. Vielleicht traute er sich nicht mehr. Mein Umzug nach Berlin ist über zehn Jahre her. In dieser Zeit bin ich erwachsen geworden, eine Frau. Mein Vater nennt mich noch immer sein »Mädchen«. Was ich schön finde, einerseits. Nur frage ich mich andererseits, wie viel er über mein Leben nach dem Mädchensein, über mein Leben als Frau weiß.

Irgendwann zwischen damals und heute vergaßen mein Vater und ich das Reden. Wir kommen nicht mehr übers Geplänkel hinaus, als wüssten wir nicht mehr, wie das geht. Aus den Seglern, die wir waren, sind zwei Schiffbrüchige geworden – froh, überlebt zu haben, einander zugewandt, aber den Blick jenseits der Schulter des anderen, in die Ferne, auf der Suche nach Mama. Mama ist drei Jahre jünger als Papa, Gymnasiallehrerin der Kategorie »hart, aber herzlich«, Arzttochter, Bürgermeisterenkelin, drei Geschwister, kurze, blonde Haare, Brille, topfit, engagiert in Serviceclub, Kulturclub und Ehemaligenverein. Sie geht joggen, schwimmen, zum Zumba, mit Papa golfen und jeden Freitagnachmittag zu ihrer Mutter zum Tee. Ihr Lebensmotto: Immer schön die Nase oben behalten. Ihr Partymotto: Lerne auf jedem Fest mindestens zwei neue Leute kennen. Für uns schiffbrüchige Segler ist sie das kommunikative Rettungsboot. Wenn sie nicht in der Nähe ist, überbrücken wir die Sprachlosigkeit mit Gesten.

Wenn ich meine Eltern besuche, holt mein Vater mich vom Zug ab und hebt mich zur Begrüßung hoch, als wäre ich nicht 29, sondern neun Jahre alt. Danach steigen wir ins Auto. An der ersten Abzweigung fragt er, wie die Fahrt war, an der zweiten, ob wir durchs Dorf fahren wollen, was wir immer wollen, weil wir beide zu neugierig sind für die Umgehungsstraße. Nach dem Ortsschild kommen wir bei Holzums vorbei und reden über Holzums, nach der großen Kreuzung am Dicken Stein bei Beavens, danach bei Beckmanns und so weiter. Wir reden über das Leben der anderen, bis wir vor unserem eigenen stehen. Wir sprechen, aber wir sagen nichts.

So geht es weiter, bis wir drei Tage später wieder auf dem Bahnsteig angekommen sind und uns mit geschlossenen Augen zum Abschied in den Armen liegen. Das Wochenende verbringen wir als Familie unter einem Dach. Ich mit Mama in der Küche, am Tisch, quatschend. Papa unterwegs, vorm Fernseher, auf der Terrasse, rauchend. Zum Essen sitzen wir zusammen. Sind alle fünf da, meine Eltern, meine zwei Brüder und ich, wird wild durcheinandergeschnackt: Über den neuen Schilfpolder, der am Dümmer gebaut werden soll, und was das die Bauern in der Region und den Steuerzahler kostet. Über den Nachbarsohn, der letztens betrunken aus seinem Dachfenster gekotzt hat, Mama konnte den Fleck von ihrem Schlafzimmerfenster aus noch eine ganze Woche sehen. Über den Gemütszustand der einen und den Gesundheitszustand der anderen Oma.

Mein Vater und ich müssen nicht mal schweigen, um nicht miteinander zu reden. Die Stille unterbrechen wir nur, wenn es um konventionelle Landwirtschaft oder die BILD-Zeitung geht. Seit ich ein Teenager war, sind wir bei diesen Themen so verschiedener Meinung, dass einer von uns entweder vorzeitig den Tisch verlässt oder sich beleidigt in die innere Emigration zurückzieht. Die gibt es ja auch in Beziehungen.

Wenn er etwas loswerden will, weiß mein Vater sich sehr wohl auszudrücken. Als ich mit 20 Jahren meinen neuen Freund aus Berlin mit nach Hause brachte, musste er gar nichts sagen. Sein Schweigen an der Haustür sprach für sich. Dabei ist mein Vater ein begnadeter Smalltalker. Aber vor diesem dünnen Publizistik-Studenten mit Undercut und Brandenburger Akzent, in Röhrenjeans und weit aufgeknöpftem hellblauen Hemd über weißem Unterhemd, kapitulierte er. Das Wochenende verlief dementsprechend. Papa redete kaum und der neue Freund noch weniger, weil er dachte, dass das Schweigen meines Vaters mit seiner ostdeutschen Herkunft zu tun hat.

Sonntagmorgens schlich ich mich vor dem gemeinsamen Frühstück aus meinem Zimmer, in dem mein Freund schlief, und kroch wie zu Kinderzeiten zu meiner Mutter ins Bett. Papa war schon aufgestanden. Mein ganzes Leben lang war

Papa schon aufgestanden, wenn ich wach wurde. Ich legte mich also unter seine Bettdecke neben Mama, die den Arm nach mir ausstreckte und ihre Hand auf meinen Kopf legte, und beschwerte mich über Papa. Meckerte. Wütend. Trotzig. »Wieso war er so unfreundlich? Der rafft auch gar nichts. Der hat doch gar keine Ahnung, wer ich überhaupt bin!« Mama versuchte zu vermitteln. Nahm ihn nicht in Schutz, bemühte sich aber um eine Erklärung. Es tue ihm bestimmt leid. Er müsse sich ja jetzt auch erst mal daran gewöhnen, dass ich erwachsen sei. Ich solle doch mal mit ihm reden. Ich wollte aber nicht. Ich wollte nicht mit ihm reden. Ich war beleidigt. Ich wollte, dass mein Vater mich wie eine Erwachsene behandelt – und benahm mich wie ein Kind.

Schließlich redete Mama mit ihm, er kam und bat um Verzeihung. Ich nahm die Entschuldigung an, nahm sie ihm aber nicht ab, und irgendwie ärgerte es mich, dass er so leicht eingeknickt war. Denn einen Vater, der dem geringsten Druck nachgab, wollte ich schließlich auch nicht. Im Nachhinein haben wir oft über dieses Wochenende gescherzt. Mit dem immer gleichen Witz meines Vaters, der über die erste Begegnung mit meinem neuen Freund sagte: »Ich war im Schock. Ich wusste ja gar nicht, schüttele ich da gerade seine Hand oder einen Fisch?«

Die Beziehung zu dem Mann aus Berlin mit dem Brandenburger Akzent ist lange vorbei. Für mich aber hat dieser Moment etwas verändert. Damals habe ich angefangen, mich von meinem Vater abzuwenden. Weil dieser Mann aus Berlin für das Leben stand, das ich führen wollte. Für ein Leben, mit dem mein Vater anscheinend nicht viel anzufangen wusste.

–

Als Kind liebte ich Robin Hood, Dumbo, Pippi Langstrumpf und die Erzählung von der Stadtmaus und der Landmaus. In all diesen Geschichten fand ich mich wieder.

Mit Robin Hood, und zwar dem Disney-Robin-Hood, der ein Fuchs war, verband mich die Abenteuerlust und der Gerechtigkeitssinn – wenn ich mich auf dem Spielplatz in unserer Siedlung mit den großen Jungs prügelte, um meinen kleinen Bruder Maxi zu verteidigen, fühlte ich mich genauso im Recht, wie wenn ich der Nachbarin zwei Straßen weiter die Mirabellen aus dem Garten klaute, weil ich fand, dass sie gemein aussah. Gerecht war das nicht.

Mit Dumbo verband mich die Erfahrung, gemobbt zu werden – er für seine großen Ohren, ich für meine Nase, die anders aussah als die Nasen meiner Freundinnen. Irgendwie breiter. Es war vielleicht kein Zufall, dass ich mich im Studium besonders mit dem Kommilitonen befreundete, der wegen seiner Segelohren und seines Übergewichts in der Schule Dumbo genannt worden war. Ausgelacht zu werden, vereint.

Mit Pippi Langstrumpf verband mich das Pfützenhüpfen, das Über-Tische-und-Bänke-Springen, das Kekseessen, wenn's nicht erlaubt ist. Der seebärige Vater mit stechenden Augen. Das Draufscheißenwollen darauf, was andere von einem denken, um es dann aber nicht durchhalten zu können. Und der Wille, die beste unter den guten Freundinnen zu sein, um an diesem Anspruch gleichzeitig und regelmäßig zu scheitern, aus Egoismus und Rechthaberei.

Mit der Landmaus verband mich die dörfliche Herkunft und die Sehnsucht nach der Großstadt. In dieser Geschichte spiegelt sich das ganze Dilemma meiner Kindheit und Jugend. Ich wuchs an einem Ort auf, der mir alle Freiheiten ließ und den ich zwischen meinem zehnten und meinem achtzehnten Lebensjahr trotzdem sofort eingetauscht hätte gegen Berlin, wo meine Verwandten wohnten. In der Geschichte bekommt eine Landmaus Besuch von einer Stadtmaus und tischt zu dieser Gelegenheit groß auf. Sie will der Stadtmaus was beweisen, weil sie sich vor ihrem weltgewandten Urteil fürchtet. Ich kannte ihn nur zu gut, diesen Komplex, stolz zu sein auf das Eigene und gleichzeitig zu fürchten, dass es den anderen nicht reichen könnte. Und obwohl ich wusste, dass ich mich nicht dafür zu schämen brauchte, eine Landmaus zu sein, wollte ich trotzdem nicht für eine gehalten werden.

Vor allem nicht von meinen Verwandten aus der Großstadt. Wenn sie zu Besuch kamen, wollte ich nur eins: dass sie mich cool finden. Deshalb lachte ich mit, wenn sie beim Kaffeetrinken abfällige Kommentare über die hiesigen Landwirte mit ihren Bauern-Benz und den getrimmten Vorgärten fallenließen, und deshalb stimmte ich zu, wenn sie die Leute vom Land provinziell schimpften. Die Beleidigungen mussten erst meine Eltern treffen und meinen Bruder Constantin, der später Bauer geworden ist, bevor ich verstand, dass ich meine Familie auslachte und damit auch mich selbst. Ich nahm mir vor, niemals so zu werden wie meine Verwandten aus der Großstadt. Egal, wohin ich ziehen würde.

Natürlich passierte genau das. Ich verabschiedete mich mit 18 nach Berlin, hatte kaum ein eigenes WG-Zimmer in Schöneberg bezogen – mit Hilfe meiner Eltern –, schon fand ich meine Heimat spießig. Wenn meine Mutter mir von den Kulturveranstaltungen in unserer Kreisstadt erzählte, lächelte ich nur müde. Wenn mein Vater mir berichtete, was er neulich Interessantes in der Lokalzeitung gelesen hatte, hörte ich kaum zu, nickte höflich und kramte schließlich mein Handy aus der Tasche.

Heute weiß ich, dass es nichts Provinzielleres gibt, als die Provinz provinziell zu finden. Damals wollte ich allen zeigen: Ich war mal eine von euch, jetzt aber bin ich etwas Besseres. Was ich so natürlich nie gesagt habe. Ich wollte mich auf keinen Fall unbeliebt machen. Im Gegenteil: Wenn ich mich nach etwas sehnte, dann war es Anerkennung. Ich wollte, dass meine Familie von meinem Leben fasziniert ist, und zwar so sehr, wie ich es selber gern gewesen wäre.

In der Oberstufe hatten wir *Das kunstseidene Mädchen* von Irmgard Keun gelesen. Einen Roman über das Ende der Weimarer Zeit, er erzählt von den Hoffnungen und dem Lebenshunger der vielen jungen Mädchen, die gern Kleider aus Seide gehabt hätten und sich stattdessen in »seidig glänzenden Fähnchen« über die Berliner Prachtstraßen schoben. Mir ist daraus vor allem eine Passage im Gedächtnis geblieben: »Ich will so ein Glanz werden, der oben ist. Mit weißem Auto und Badewasser, das nach Parfüm riecht, und alles wie Paris.« Das sagte Doris, die Protagonistin, die Sekretärin eines Juristen in der Provinz, vor ihrem Umzug in die große Stadt. Das wollte ich auch.

Der Weg zum Glanz führte mich über die 1000 Seiten des Studienführers der Bundesagentur für Arbeit an die Freie Universität in Berlin. Ich studierte Literaturwissenschaften und Publizistik, was weit weniger glamourös war, als ich gedacht hatte. Ich fuhr jeden Tag vierzig Minuten erst mit der S-Bahn dann mit der U3 in die Rostlaube nach Dahlem oder mit dem Bus 50 Minuten zum Campus in Lankwitz, wo ich im Café Tricky veganen Kuchen aß, lange bevor veganer Kuchen hip war, weshalb er so schmeckte wie das Wort klingt: nach Staub und Körnern. Im Seminarraum verzog ich mich mit meinen Freundinnen Anne, Hanna und Sibylle in die hinterste Ecke und las den *Spiegel*, während Professor Profitlich Ablautreihen erklärte. In den Pausen aß ich grünes Balisto und trank Kaffee für 50 Cent.

An den Wochenenden büffelten wir in der Kaufbar in Friedrichshain zu viert Karteikarten und betranken uns danach so lange mit weißem Hauswein, bis entweder Hanna Goethes *Prometheus* oder Anne *Nis Randers* von Otto Ernst oder ich *Der Panther* von Rilke rezitierte. Jede von uns konnte bis zum achten Wein genau ein Gedicht auswendig. Sibylle verloren wir irgendwann an die Babyshambles, ein paar Paparazzi-Fotos von ihr und Pete Doherty sind das Einzige, was uns von ihr blieb. Dass ich damals ein ideales Studentenleben führte, sorgenfrei, betrunken, warm, verstehe ich jetzt. Damals glänzte mir mein Leben nicht genug.

Ich träumte von einer Karriere bei einem Modemagazin, von eleganten Abendessen in großzügigen, minimalistisch möblierten Räumen, von Champagner und von Austern, weil ich damals noch nie eine probiert hatte. Davon, wie ich mit wehenden Haaren und in einem messerscharf geschnittenen Mantel aus irgendwelchen Taxis ausstieg. Ich wollte Carrie Bradshaw aus *Sex and the City* sein, nur ohne die Cowboyhüte und Mr. Big. Ich war 21. Ich las *i-D, Dazed & Confused, Style and the Family Tunes, Sleek* und die amerikanische *Vogue* und besuchte so viele Ausstellungen wie möglich. Weil ich mich für Kunst interessierte und weil ich mitreden wollte, dazugehören wollte zu dieser Welt, in der jeder den Türsteher aus der King Size Bar beim Vornamen kannte. In der jeder zwei kluge Sätze zum neuen Rainald Goetz fallenlassen konnte oder von der letzten Vernissage bei Sprüth Magers erzählte oder von dieser neuen Bar in der Friedelstraße in Neukölln, 2008, als Neukölln noch unendlich weit weg schien, sogar von Kreuzberg.

Ich wollte zu dem Berlin gehören, das Johanna Adorján und Rafael Horzon später in ihren Berlin-Büchern beschrieben, zu dem Berlin, das die deutsche *Vanity Fair* 2006 auf seinen Klatschseiten als Sehnsuchtsort verkaufte und das sich damals noch zwischen Alter Schönhauser im Osten, Oranienburger im Westen, Eberswalder im Norden und dem Hackeschen Markt im Süden so gnadenlos in sich selbst verliebte. Zu dieser kleinen Welt, die zu oft aus nichtssagenden Gesprächen und immer aus zu vielen *free drinks* bestand und in der bis heute ein schönes Außen wichtiger ist als ein schönes Innen.

Wenn nun auf Familienfeiern über Stadt versus Land diskutiert wurde, focht ich auf Seiten der Städter. Ich stilisierte mich zur Auskennerin und damit in meiner eigenen Familie zur Außenseiterin. Weil alle außer meiner Mutter zu Büchern und Bildern keinen Zugang zu haben schienen. Zu den Grundlagen, ja. Aber nicht zu den höchsten Höhen, zu denen ich mich aufschwingen wollte. Ich war von Schöneberg nach Prenzlauer Berg gezogen, Winskiez für 295 Euro warm, Altbau mit einer Gartendusche in der Küche, und dann weiter mit Magnus, meinem Freund, nach Moabit, weil billig, nah an Mitte und *upcoming* (wie es damals hieß, es ist bis heute vor allem ruhig und ab vom Schuss). Wenn meine Familie zu Besuch kam, zog ich nun während der Gespräche manchmal einen Bildband aus dem Regal und legte ihn in den Lichtkegel der Castiglioni-Lampe von Flos auf das Eiermanntischgestell mit der Multiplexplatte, um ihnen die Arbeiten der Künstler zu zeigen, von denen ich gerade erzählte. Mein Studium bereitete mich nicht nur auf einen Beruf vor, es half mir auch, mich überlegen zu fühlen und mich von dem Fundament meiner Herkunft abzugrenzen. Klar geworden ist mir das erst kürzlich, bei der Lektüre von *Rückkehr nach Reims* des französischen Soziologen und Schriftstellers Didier Eribon.

Er beschreibt in seinem Buch einen ähnlichen Akt der Distinktion, den Versuch sich aufzuwerten, indem er andere abwertet. Für die Recherche hat er, der schwule Pariser Intellektuelle, nach dem Tod seines Vaters seine Mutter in Reims besucht. Er erzählt davon, wie viel Aufwand er betrieben hatte, um sich vom homophoben Arbeitermilieu seiner Kindheit zu lösen, und wie schwer es ihm nun fällt, an diesen Ort zurückzukehren, gegen den er seine Identität konstruiert hatte, der aber für immer ein Teil von ihm bleiben wird. Im Wesentlichen erging es mir genauso, wenn auch weniger drastisch. Ich wollte mit aller Macht anders sein als die mir bekannte Gegend meiner selbst.

Meinen Vater muss das verletzt haben. Er ist nach dem Studium wieder in sein Elternhaus gezogen. Er musste. Sein Vater war erkrankt, Papa sollte die Firma übernehmen. Also ging er zurück an den Ort, an dem auch ich behütet aufwuchs, mit Hund, Pferden, Katzen, Wellensittich. Für mich ist Heimat ein Ort, an dem man nicht fremd wird, egal, wie fremd man sich fühlt. Anders für meinen Vater: Er liebt seine Heimat und die Menschen von dort. Weil sie fleißig sind und gute Geschäftsleute. Er hat sich nie fremd gefühlt. »Fremd« war für ihn immer anderswo.

Für die Großstadt und die kreischenden Outfits, die ich zuhause aus meinem Koffer kramte, hatte er kein Verständnis. Genauso wenig wie für die Welt der Weißwein-Vernissagen, in der ich unzählige Abende bestritten habe, ohne ein Gespräch je weiter getrieben zu haben als:

»Hi, na, wie geht's?«

»Gut! Und dir?«

»Gut! Was habt ihr heute Abend noch vor?«

»Nicht viel, wir wollten gleich vielleicht noch weiterziehen an den Kotti.«

»Ah, cool, dann sehen wir uns wahrscheinlich später in der Olfe!«

Für diese Welt, die ich auf einmal für die meine hielt, hatte er nicht das geringste Interesse. Und nach Dingen, die einen nicht interessieren, fragt man nicht. Womit unsere Beziehung den Vernissagen an Oberflächlichkeit in nichts nachstand. Sie war genauso anstrengend, machte nur weniger betrunken.

Die Entfernung entfernte uns voneinander. Ich fuhr nur noch an Ostern und Weihnachten nach Hause. Zu Anfang hatte ich Papa noch hin und wieder angerufen, um ihm von meiner neuen Mitbewohnerin zu erzählen, die Jura studierte, genau wie er damals, und die mir mächtig auf die Nerven ging, weil ihr Freund unseren Kühlschrank mit Chutney vollstellte. Er meldete sich bei mir, wenn ihm auf einer langen Autofahrt langweilig war oder er abends alleine zuhause saß, weil Mama unterwegs war. »Hi, meine Süße, na, wie geht's?«, fragte er dann, worauf ich nicht viel mehr antwortete als »Joa, ganz gut, viel zu tun, Uni, Schreibtisch, Bib, Klausuren, Arbeit«, um schließlich zu fragen, ob Mama denn auch zuhause sei. War sie nicht. Deshalb riefe er ja an. »Ach so! Ja, ich muss jetzt leider auch bald los. Ich wollte mich noch mit Anne treffen ...« Was blieb, war ein »Schade« und dass ich mich mal wieder melden solle. Was ich nicht tat, und er irgendwann auch nicht mehr.

Als Kinder und Jugendliche denken wir, unsere Familien passieren uns. Was ja stimmt, keiner kann sich aussuchen, in welche Welt, welche Familie, welche Versehrungen er oder sie hineingeboren wird. Der Einfluss auf das eigene Leben ist zumindest bis zur Volljährigkeit begrenzt. Diese Passivität macht bequem. Auch emotional. Man hat das Gefühl, die Eltern werden es schon richten. Sie sind schließlich die Erwachsenen, sie sind diejenigen, die die Verantwortung tragen: für unser Wohl, unsere Sicherheit und natürlich auch für unsere Beziehungen untereinander. Jedenfalls wenn man so behütet aufwächst wie ich. Aber was passiert, wenn sie das nicht mehr tun? Wenn sie die Aktivitäten einstellen?

Je mehr Jahre vergingen und je länger ich so weit weg war, desto mehr verloren wir uns. Desto weniger redeten wir, desto weniger wussten wir, worüber wir überhaupt hätten sprechen können. Mein Papa wurde ohne mich grau, meine Brüder ohne mich erwachsen, meine Omas ohne mich alt. Meine Eltern wussten immer weniger von mir, meinem Leben, meinen Sorgen. Wie auch? Ich ließ sie nicht rein. Andersrum war es irgendwann genauso. Ich kam an den Feiertagen ins Familienleben gerutscht, führte mich auf wie eine Diva und schimpfte mit meinen kleinen Brüdern, ohne wirklich zu wissen, was sie beschäftigt und womit sie hadern. Wie in diesem Skiurlaub in meinem fünften Jahr in Berlin.

Es war das erste Mal seit bestimmt einem Jahrzehnt, dass wir wieder gemeinsam als Familie in den Urlaub fuhren. Ich war 23, meine Brüder 20 und 16. Wir fuhren mit nur einem Auto, alle fünf. Wenigstens saß mein kleinster Bruder, Constantin, der Breiteste von uns, vorne auf dem Beifahrersitz und Mama mit meinem anderen Bruder Maximilian und mir hinten.

Es war nicht wie früher, als wir Kinder uns zu dritt auf die Rückbank gequetscht und eigentlich die gesamte Fahrt damit verbracht hatten, uns zu hauen oder zu kitzeln oder zu kneifen oder böse anzugucken. Ein bisschen erinnerte es mich aber doch an die vielen Autofahrten gen Süden in den neunziger Jahren. Nur, dass Mama und Papa nicht mehr von vorne nach hinten schimpften (»Das nächste Mal sperren wir euch alle drei in einen Hundeanhänger, dann haben wir hier vorne unsere Ruhe!«), dass Maxi nicht mehr krakeelte, »Mareike hat aus meinem Fenster geguckt!«, und Conzi sich nicht mehr übergeben musste. Diesmal schimpften alle in alle Richtungen, und ich sah mich ganz klar auf der Seite der Erwachsenen.

Ich war seit fast fünf Jahren von zuhause weg. Ich lebte mein eigenes Leben. Ich hatte gerade ein Praktikum bei einem Indie-Magazin hinter mir und eine Stelle als Junior-Redakteurin angeboten bekommen. Mir lag nun endlich die Welt zu

Füßen. Wieso nur sah das keiner? Wieso war das so schwer zu verstehen: da unten der Rest der Welt, hier oben ich.

Wir hatten uns so wenig gesehen in den letzten Jahren, und ich hatte das Gefühl, wir hätten etwas aufzuholen. Ich mit ihnen, aber auch sie mit mir. Ich wollte sie teilhaben lassen an meinem Leben, nur interessierte sich keiner so richtig für mich. Jedenfalls empfand ich es so.

Meine Brüder wollten ihre Ruhe, Maxi ging sogar alleine Ski fahren, weil er uns nicht den ganzen Tag ertrug. Abends saßen sie vorm Fernseher oder am Handy, zum Kartenspielen mussten wir die beiden zwingen. Meine Eltern waren die meiste Zeit damit beschäftigt, uns Kinder zu befrieden. Ich glaube, wir alle hatten gehofft, dass es bei diesem Urlaub von alleine so werden würde wie früher. So wie auf den Fotos, auf denen Maxi und ich uns breit grinsend auf dem Schlitten in den Armen liegen oder wir Conzi zeigen, wie man trotz Schneepflug schneller als die Erwachsenen den Hang hinunterkommt. Stattdessen wurde ziemlich schnell klar, dass wir zu fünft aus der Übung waren.

Weil nicht nur ich nicht mehr zuhause wohnte. Auch Maxi war inzwischen Student und ausgezogen. Auch er wollte sich nichts mehr sagen lassen. Besonders nicht von mir. Was mir erst im Nachhinein klar wurde, nachdem ich meine beiden Brüder bei jeder Gelegenheit gemaßregelt hatte: Seid nicht so asozial! Räumt euren Scheiß weg! Macht den Fernseher leiser! Spielt mit uns Karten! Unterhaltet euch doch mal! Esst gefälligst ordentlich! Nach fünf Tagen »sozialem Lernen«, wie meine Mutter, die Lehrerin, das nannte, hatten wir uns wieder einigermaßen aneinander gewöhnt.

Am letzten Skitag entlud sich unsere Anspannung, als wir Papa auslachten, weil er nicht rechtzeitig vor der Bergstation abbremsen konnte und samt Skiern unter einer aufgebockten Holzhütte gelandet war. Es war genauso grausam, wie es klingt. Er prellte sich die Hüfte. Erst in diesem Moment der Niedertracht konnten wir alle gemeinsam lachen. Alle, außer Papa. Danach gab es Schnitzel, Germknödel und Schnaps, und es fand tatsächlich eine Art Verbrüderung statt, was unter Geschwistern nicht nötig sein sollte.

Die Woche verunsicherte mich. Auch weil ich in dieser Konstellation nur mich selbst sah und meine Suche nach Bestätigung und Anerkennung. Ich bin mit meiner Familie in den Urlaub gefahren, weil ich verstanden werden wollte, aber mir die Arbeit zu machen, mich zu erklären und emotional zu öffnen, dafür war ich zu faul. Wenn Familie so viel Arbeit ist, wollte ich lieber alleine sein.

–

Erwachsenwerden bedeutete für mich erst mal, mich selber kennenzulernen. Herausfinden, was ich mitbringe und woran ich arbeiten muss. Entscheiden, wer ich bin und wer ich sein will. Ich dachte immer, ich sei ein Mensch, der alles kontrollieren kann, der einen Plan braucht, der sich nicht gern überraschen lässt.

Mittlerweile habe ich begriffen, dass Erwachsenwerden nicht nur bedeutet, mich selbst neu kennenzulernen, sondern mich selbst auch durch die Augen der neuen Menschen in meinem Leben zu sehen. Durch die Augen der Scheidungs-,

Migranten-, Arbeiter-, Wendekinder, was hart klingt und genauso gemeint ist, weil ich mein Weiß-blond-schlank-westdeutsch-finanziell-abgesichert-Sein erstmal nicht als Privileg verstanden hatte.

Dass Erwachsenwerden aber auch bedeuten könnte, die Menschen neu kennenzulernen, die man schon sein Leben lang kennt – auf die Idee war ich erst mal nicht gekommen. Denn was wusste ich schon über meine Familie? Und was wussten sie über mich? Wie viel Selbst hatten wir uns in den letzten Jahren wirklich zugemutet? Wie viel voreinander verborgen?

Mit meiner Mutter ist mir das Neu-Kennenlernen gelungen. Es gibt sicher Dinge, die sie aus Diskretion nicht erzählt. Aus der Zeit vor meinem Vater. Aus ihren Studienjahren. Aus ihrer Ehe. Trotzdem habe ich ein Gefühl für sie.

Wenn ich mir meine Mutter als junge Frau vorstelle, sehe ich sie mit einer großen goldenen Brille, in Jeans, bedrucktem T-Shirt und weißen Turnschuhen an der Theke der Kneipe gegenüber ihrer Kölner Studentenbude stehen. Ich schaue aus dem Fenster ihrer Wohnung auf sie runter, sehe, wie sie mit ihren besten Freunden Monika und Mosche quatscht. Sie wirken glücklich, traut in ihrer Dreisamkeit. Das Fenster ist geöffnet. Auf der Fensterbank steht Mamas Telefon, damit sie unten hört, wenn Papa anruft, und dann schnell hochrennen und drangehen kann. Unterbewusst vervollständige ich diese frühen Bilder von ihr immer mit dem Auftreten meines Vaters. Vielleicht tue ich das, weil ich es nicht ertrage, sie in einem anderen Leben zu sehen, in einem Leben ohne ihn, was ja in ein Leben ohne mich hätte münden müssen.

We tell ourselves stories in order to live heißt ein Essayband der amerikanischen Journalistin Joan Didion. Seit jeher erzählen Menschen sich Geschichten. Zur Unterhaltung, um Wissen, Weisheit, Erfahrungen weiterzugeben, um in Worte zu fassen, was sonst verloren ginge. Für mich bedeutet der Satz von Didion, dass ich durch Papas Auftritt auf Mamas Vergangenheitsbühne immer wieder dafür sorge, dass ich in ihrer Geschichte selbst überlebe. Auch zwischen meiner Mutter und mir gibt es Leerstellen, Dinge, die unausgesprochen bleiben.

Was meine Mutter und mich aber immer verbunden hat, ist die Tatsache, dass wir Frauen sind. Es hat uns zu einer Widerstandseinheit in einem Haus mit drei Männern gemacht. Die Fronten in unserer Familie verlaufen bis heute entlang den Geschlechtern.

Streiten Mama und Papa, schlagen sich meine Brüder allerdings nicht auf die Seite meines Vaters, weil er ein Mann ist, sondern weil sie glauben, dass er nicht gegen Mama ankommt. Sie bieten keine Schützenhilfe. Sie bieten Rückendeckung.

Aber ihre Allianzen mit meinem Vater verfolgen langfristig jeweils auch eigene Ziele. Eine Familie ist ja keine Fertighaus-Siedlung, sondern eher eine sich täglich verändernde Favela: Der eine baut mit Holz, nachhaltig und der Ästhetik wegen, der andere mit Beton und zu kleinen Fenstern, um sich vor neugierigen Blicken abzuschotten. Jeder handelt aus einem anderen Motiv, verfolgt bestimmte Absichten, und doch fügen sich die kleinen Werke in ein großes Ganzes ein.

Ich baue in unserer familiären Favela mit viel Glas und auf Stelzen, damit das Licht von allen Seiten hineinfallen und ich den Überblick bewahren kann. Meine Mutter baut auf festem Fundament und mit großen Fenstern, ihre Haustür steht immer offen, aber es gibt Zimmer, die man nicht betreten darf. Mein Vater renoviert lieber etwas Vorgefundenes. Er macht alles selbst, weil er Geld sparen will. Seine Rechnung geht auf: Sein Haus ist das größte, sieht aber auch nach Jahren noch so aus, als sei er gerade erst eingezogen.

Ich stütze in Konflikten fast immer meine Mutter. In der Hoffnung, dass sie mich irgendwann in ihre Privaträume lässt. Eigentlich müsste ich wie meine Brüder zu meinem Vater halten, in seinem Haus ist viel mehr zu tun. Er könnte meine Hilfe gebrauchen. Aber das will ich meiner Mutter nicht antun, jetzt, wo wir schon so viele Jahre ein so gutes Team, so gute Nachbarn sind. Sisters In Arms.

–

Als ich ein Kindergartenkind war, habe ich einmal zu meiner Mutter gesagt: »Mama, du hast alles und ich hab' nichts, nur einen Papa und ein Bett.« Dieses Gefühl hat lange angehalten. Ich war ein Papakind. Nun rufe ich meine Mutter an, wenn ich Sorgen habe. Sie weiß, was man als Mutter wissen muss: Mehr als die anderen, niemals alles.

Als Studentin bin ich jeden Sommer mit ihr nach Wangerooge gefahren. Für ein wenig Zeit zu zweit, weit weg von Berlin und auch von zuhause.

Auf Wangerooge gibt es nichts. Oder fast nichts. Auf jeden Fall nichts, das einen ablenken könnte. Die Insel war die perfekte erzieherische Maßnahme für unsere Mutter-Tochter-Beziehung. Sie brachte uns einander näher und setzte durch ihre gelb-blau-beige Gleichförmigkeit die innerfamiliäre Dynamik außer Kraft. Auf der Insel benahmen wir uns auf einmal wie Freundinnen, mit dem einzigen Unterschied, dass sie immer bezahlte. Wir kauften zusammen ein und kochten gemeinsam Rückensteaks mit Tagliatelle und Gorgonzolasauce, ich holte morgens Brötchen, wenn sie mit Papa auf der Terrasse telefonierte, als wären sie frisch verliebt, und bevor wir an den Strand gingen, schmierte sie mir den Rücken mit Sonnencreme ein, LSF 20.

In dieser alternativen Realität konnte ich mehr von mir preisgeben als am heimischen Abendbrottisch, wo ich auch als junge Frau immer noch und in erster Linie Tochter war. Im Strandkorb erzählte ich ihr von den Feierdrogen, die meine Freunde auf einmal nahmen. Bei einer Backkartoffel mit Lachs auf der Terrasse des Restaurants W'ooge redeten wir das erste Mal über die Männer vor meinem Vater. Ich ließ sie teilhaben an den Exzessen, die Berlin mir bot, denen ich aber erst später nicht mehr widerstehen wollte. Sie hörte zu, schob für einen Moment ihre Mutterrolle beiseite und zeigte sich verletzlich.

Diese Erfahrungen bleiben, auch nachdem die Koffer wieder ausgepackt sind. Meine Mutter baut auf mich. Ich glaube, sie sieht mich als ihre Komplizin. Wenn es nach ihr ginge, könnten wir wahrscheinlich noch enger zusammenrücken. Besonders in Fragen des Alltäglichen, Beruflichen. Aber dazu bin ich einfach zu weit weg. Trotzdem sind wir uns bis heute auf eine Art nah, wie ich es als schreiender, lärmender, rebellierender Teenager nie für möglich gehalten hätte. Als Kind und Jugendliche richtete sich mein Zorn meist gegen meine

Mutter, weil wir uns so ähnlich sind. In der Schlagkante meiner rechten Hand fühle ich bis heute den knöchernen Schmerz, den ich mir mit 14 selbst zugefügt hatte, nachdem sie mir nach einem verfeierten Freitag verbot, mit meiner Freundin Lini auf ein Schützenfest ein paar Dörfer weiter zu gehen. Ich hatte meine Hand auf die hölzerne Klinke ihrer Bürotür niedersausen lassen, als wäre die Klinke ein Holzscheit und ich Karate-Kid. Die Klinke war ab. Meinen Willen habe ich nicht bekommen. Heute stiften unsere Gemeinsamkeiten eher Verständnis als Wut. Meistens.

Meinem Vater sitze ich manchmal gegenüber und frage mich, wer dieser große ergrauende Mann mit den vielen Sommersprossen ist, was er fühlt und denkt. Ob er alles erreicht hat, was er sich vorgenommen hat. Ob er glücklich ist. Aber ich traue mich nicht, ihn zu fragen. Die Bilder, die ich von ihm als jungem Mann im Kopf habe, sind verschwommen. Ich sehe, wie er sein Moped auseinanderschraubt, wie er die Kurve vor seinem Gymnasium mit so viel Geschwindigkeit nimmt, dass die am Straßenrand stehenden Schüler, die nach Mitfahrgelegenheiten Ausschau halten, verängstigt ihre Daumen einziehen.

Ich sehe, wie er als 20-Jähriger mit Alkohol am Steuer erwischt wird. Damals konnte man noch nicht pusten, man wurde von der Polizei zum Bereitschaftsarzt gebracht, um »gestochen« zu werden. Der diensthabende Arzt in dieser Nacht war ausgerechnet der Mann, der später sein Schwiegervater werden sollte, der Vater meiner Mutter, mein Opa. Mein Vater und sein Schwiegervater begegneten sich also das erste Mal unter den Augen der Dorfpolizei. Mein junger Vater ist für mich eine einzige Räuberpistole. Ich kenne viele seiner Geschichten, aber seine Geschichte kenne ich nicht.

Solange ich noch zuhause wohnte, waren unsere Rollen klar verteilt. Er war der Vater, ich die Tochter. Er stellte die Fragen, ich gab die Antworten. Schließlich war ich diejenige, um die es ging – dachte ich.

Irgendwann zwischen damals und heute, zwischen 2006 und 2016 haben wir aufgehört, uns kennenzulernen. Ich weiß, was für ein Vater er ist, aber nicht, was für ein Mann. Ich glaube, ihm geht es ähnlich mit mir. Als hätten wir Angst davor, herauszufinden, dass die Menschen, die wir waren, die wir kannten und mochten, nicht mehr existieren, und die Menschen, die wir geworden sind, uns möglicherweise nicht gefallen. Wir, die wir beide so neugierig sind, haben unser Interesse füreinander in Verlustängsten erstickt. Und damit riskiert, uns tatsächlich zu verlieren.

Die großen Schubladen: Mein Vater ist 1956 geboren, ich 1987. Er ist ein Wirtschaftswunderkind mit einem Patriarchen zum Vater, einer Hausfrau zur Mutter und einer emanzipierten, berufstätigen Ehefrau. Ich bin ein Wendekind mit einem Schmerzensvater, einer Powermutter und einem Alpha-Softie zum Freund.

Und dieser Alpha-Softie war es auch, der mir die Sprachlosigkeit, die zwischen meinem Vater und mir herrscht, das erste Mal vor Augen geführt hat.

Von: Mareike Nieberding
An: Papa
Re: Lebensfragen | Familie

Was bedeutet für Dich Familie?
Füreinander da sein, Verantwortung zu übernehmen.

Welche Rechte und Pflichten umfasst das?
Das Recht, etwas für Familienmitglieder zu entscheiden, endet mit der Volljährigkeit und beginnt wieder, wenn jemand nicht mehr für sich selbst entscheiden kann. Pflicht ist es, die Mitglieder zu fördern.

Was macht Menschen zu einer Familie?
Die Verwandtschaft und das Zusammenleben spielen eine große Rolle. Die Familiengeschichte und das Wissen um die eigene Herkunft tragen auch dazu bei, sich als Familie zu fühlen. Man ist eben auf Gedeih und Verderb miteinander verbunden. Daraus erwächst der Wunsch, den Nachkommen etwas Gutes zu hinterlassen. Familie ist aber auch Einstellungssache. Familiensinn muss man vorleben, weil man Familie nicht auf eine kurze Zeitspanne begrenzen kann, sondern als Ergebnis von Generationen betrachten muss.

Wie weit reicht Familie?
Mein Familiensinn ist am stärksten für meine Eltern, meine Frau und meine Kinder ausgeprägt. Dann kommen die Geschwister. Die anderen sind Verwandte, die man mag oder nicht.

Kann man sich von seiner Familie trennen?
Ich glaube, man gehört einer Familie sein Leben lang an. Ob man sich trennen kann, kann ich nicht beurteilen.

Und wie hältst Du es mit Menschen, die neu dazukommen? Wie zum Beispiel Schwägerinnen oder Schwiegersöhnen.
Das ist eine Entwicklung. Schwiegerkinder sind nicht automatisch Mitglied im »engeren Zirkel«, können es aber werden.

Wann hattest Du das Gefühl, dass Mama und Du eine Familie geworden seid?
Als wir geheiratet haben. Das war der Beginn unserer kleinen Familie. Die Kinder sind Ziel und Komplettierung.

Können auch zwei Menschen eine Familie sein?
Ja.

Woran denkst Du, wenn Du den Namen Nieberding hörst?
Eine lange Reihe von Vorfahren und hoffentlich auch Nachfahren, die diesen Namen in Ehren halten.

3

Im Hotelzimmer ist Rauchen verboten. Er raucht. Er steht auf der Fensterbank, die auch als Bettkasten dient. Vielleicht ist es halb drei oder halb vier. Durchs Fenster dringt Licht ins Zimmer. Nicht das Mondlicht umspielt seine qualmende Silhouette, sondern der Schein der Mercedes-Benz-Arena. Er schnipst die Zigarette aus dem Fenster, geht runter an die Rezeption und holt Kuchen vom Vortag, Schokolade mit Birne und Quark mit Mohn, dazu ein Glas Rotwein, Sekt, Mate. Am nächsten Morgen ist der Rotwein verschüttet, David Bowie ist tot, und ich bin eine andere.

Als ich den Raucher fünf Wochen vorher das erste Mal traf, war ich gerade mit meinem Freund Magnus in ein Loft gezogen, hatte mit ihm ein Regal gebaut, 4 Meter hoch, 1,50 breit, mein erstes Kunstwerk gekauft und Keramik von Hedwig Bollhagen. Ich war in dem Berliner Leben angekommen, das ich mir immer gewünscht hatte. Zwischen Mitte und Kreuzberg, auf ein bisschen zu vielen Quadratmetern mit ein bisschen zu wenig Möbeln. Ein Leben zum Angeben.

Dann lehnte da dieser Mann an einer Fensterbank auf einer Party, am anderen Ende des Raumes. In der Rechten ein Bier, die Linke aufgestützt. Und sah mich an. Wir sahen uns an, zu lange, so lange, dass ich Zeit hatte, darüber nachzudenken, dass es solche Blicke nur in Filmen gibt. Bis ich auf einmal in meinem eigenen Sonntagabendfilm stand. Auf einer Weihnachtsfeier inmitten meiner Kollegen, mit kostenlosen Drinks, schlechter Musik, seit über fünf Jahren vergeben und im Begriff, mich in jemanden zu verlieben, mit dem ich noch kein Wort gewechselt hatte.

Vier Wochen später lagen wir im Licht der Mercedes-Benz-Arena. Es war unsere dritte Nacht. Die erste hatten wir in Hamburg verbracht. Kurz vor Weihnachten. Magnus war schon zu seinen Eltern gefahren. Ich fuhr zu dem Mann in die Talstraße. Er wohnte zwischen Transenstrich und Reeperbahn. Nach Stunden der Begrüßung in seinem WG-Zimmer hatten wir Hunger, ergatterten die letzte Pizza auf der Schanze und gingen danach in eine der wenigen Bars, die noch aufhatten.

Alles in dieser Bar war rot, die Möbel, der Tresen, die Wände, der Barkeeper, die Stimmung, wir unterhielten uns gerade darüber, ob ich mir vorstellen könnte, irgendwann mal Chefin zu sein, als er mir eine Pille anbot. Ecstasy. »Beiß die Hälfte ab!«, sagte er noch. Ich biss ab, und mit jeder Minute wurde die Bar roter und roter. Bis sie so rot war, dass ich rausmusste.

In Bremen gibt es das Museum Universum, in dem man als Besucher durch eine in Rot und Rosa nachgebaute Gebärmutter mit daran anschließendem Geburtskanal ins Leben laufen kann. So fühlte es sich an, als ich mich von dem Kinosessel aus dem hintersten der drei roten Räume der Kneipe nach vorne ins Freie kämpfte.

Der Fußweg in Richtung St. Pauli zog sich. Weil jedes auftreibende Blatt, jede raschelnde Zeitung, das Licht der Straßenlaternen, der Wind, der uns durch die Straßen drückte, sich anfühlte, als passierte das alles nicht um mich herum, sondern tief in mir drin. Ich schwitzte, ich fror, wir rannten, wir tanzten, wir knutschten, er drückte mich in einen Hauseingang und ließ erst wieder von mir ab, als einer vorbeikam und mit der Zunge schnalzte. Wir redeten über meine Position als Kreisläuferin beim Handball, für die ich in seinen Augen zu klein und zu dünn war: »Ich war eine Taucherin!«, sagte ich, duckte mich und tat so, als würde ich einen Ball ins Tor werfen. Auch er warf, nur hatte er ein volles Glas in der Hand, und während der Gin Tonic samt Zitrone seine dunkelblaue Wintermantelschulter runterlief, zersprang das Glas an einer Hauswand.

Als wir die fünf Stockwerke zu seiner Wohnung hinaufkletterten, dachte ich, so muss sich das anfühlen, wenn man den Mount Everest erklimmt, wenn die Luft immer dünner wird und der fehlende Sauerstoff einem das Herz aus der Brust drückt. So, als würde da gleich eine Tür aufspringen, aus der das Organ pumpend hinausspazieren kann.

Endlich oben angekommen, setzte ich mich auf den roten Kordsessel rechts vorm Fenster, meine Arme umschlangen meine angezogenen Beine. Ich fühlte mich wie der einsamste Mensch der Welt. In der Wohnung eines Mannes, den ich kaum kannte, dem ich aber unbedingt gefallen wollte, konnte ich mir dabei zusehen, wie ich mir selbst verloren ging, wie mir die Kontrolle entglitt.

Ich wehrte mich. Er brachte ein Glas Wasser. Ein großes, auf dem Smirnoff stand. Er hatte nicht gewusst, dass ich noch nie Ecstasy genommen hatte. Dass ich abgesehen von ein bisschen Koks vor Jahren mal keine Drogen nahm. Er entschuldigte sich. Wieder und wieder. Aber er sah nicht mehr aus wie er selbst. Seine dunklen Augenbrauen verzogen sich mitsamt seiner blauen Augen zu einer Maske, die mir Angst machte. Mein eigener Körper kam mir grau vor, fast durchsichtig, unter meiner Haut sah ich blaues Blut durch meine Adern fließen. Von einem Poster flogen die Augen von Laia Costa auf mich zu, der Hauptdarstellerin des Films *Victoria*. Noch heute sehe ich die Details des Raumes genau vor mir – das Buch von Raymond Carver auf dem Nachttisch, die Kaffeetasse in Friesisch Blau auf der Kommode, das Poster mit einem Aphorismus von Herta Müller, das über seinem Bett hing: »Wie weit reicht der Abstand zwischen jetzt und übermorgen kaum größer als ein Knopfloch in den leisen Murks der Zeit«.

Panik.

Die Sehnsucht danach, die Dinge – und damit meine ich mich selbst – unter Kontrolle zu halten, habe ich schon lange. Das hat vermutlich etwas mit meiner Mutter zu tun, die ich bis heute nur selten schwach und auch nie habe weinen sehen. Sie war für mich immer die Definition von Kontrolle. Und ihr Verhalten für mich ein Hinweis darauf, wie ich irgendwann als Frau sein würde.

Ich erinnere mich, wie ich als Mädchen bei trübem Wetter in lilafarbenen Cordreithosen und dunkelblauer Daunenjacke über unsere Pferdekoppel stapfte. Ich muss acht oder neun gewesen sein und verdammt unzufrieden mit mir, weil ich mir vor Wut auf mich selbst eine Backpfeife gab.

Wenige Jahre später, in der 6. Klasse, auf einer Fahrt ins

Schullandheim am Dümmersee, schloss ich mich auf der dunkelgrün gefliesten Toilette meines Zimmers ein, schmiss mich vor der Tür auf den Boden und heulte. Meine Freundin Linda stand auf der anderen Seite und fragte immer wieder, was los sei. Ich schluchzte zurück: »Ich kann nicht mehr. Ich kann mich nicht immer so zusammenreißen.« Sie flüsterte unter der Tür durch, dass ich das doch auch gar nicht müsse. Dass das doch niemand von mir verlangt hatte. Was stimmte und auch wieder nicht: Ich hatte es von mir selbst verlangt. Hatte ein gewisses Selbstbewusstsein entwickelt, das auch von anderen wahrgenommen wurde. Manche bezeichneten mich als arrogant.

Mir meiner selbst so bewusst zu werden, dass ich ohne Angst auf andere zugehen, meine Meinung sagen und frei vor einer großen Gruppe sprechen konnte, erforderte Disziplin. Ich hatte gelernt, mich zu kontrollieren. Mich nicht verletzlich zu zeigen. Vor Kurzem stieß ich zufällig auf einen Brief an jene Freundin Linda, den ich am 17. Juli 2000 geschrieben hatte, mit 13 Jahren, ein Bogen Papier, den ich aus einem meiner Schulhefte getrennt haben musste. Auf die Vorderseite schrieb ich: »Bitte zeig niemandem diesen Brief!!« Das »niemandem« war sogar zwei Mal unterstrichen. Ich habe ihn nie abgeschickt. Er begann folgendermaßen: »Liebe Linda, ich denke, du wirst in diesem Brief eine etwas andere Seite von mir kennenlernen, falls du sie nicht schon kennst, was ich insgeheim hoffe!« Nächster Absatz: »Ich habe heute Abend mit Heike telefoniert und wir haben über Lisa und deren Streit geredet. In diesem Telefonat hat sie auch erwähnt, dass Lisa gesagt hat, dass du und Dörthe städtische beste Freundinnen seid! Das hat mich sehr verletzt und ich habe nach dem Telefonat geweint. Es fällt mir schwer, das zuzugeben. Also, dass ich nach dem Gespräch geweint habe.«

Es folgen Vorwürfe, der Brief endet mit: »Lass uns mal wieder was zusammen machen! Ciao Ciao Ciao Ciao Ciao Ciao Ciao Ciao!!!! I miss you! Ruf mich an!« Schon damals war ich eisern zu mir. Aber ich kultivierte diese Art auch. Ein bisschen bildete ich mir sogar etwas darauf ein. Dass ich es geschafft hatte, all meine Ängste und Sorgen in mich hineinzustopfen. Zwischendurch brach es dann mal aus mir raus, aber im Grunde war ich froh darüber, mich so gut im Griff zu haben.

Magnus war einer der wenigen Menschen, dem ich die dunklen Seiten meiner selbst zeigte. Meine Freundinnen sahen sie zu selten. Sie warfen mir vor, zu streng zu sein und zu hohe Ansprüche zu haben, an mich selbst und an andere. Bis in meine späten Zwanziger ging das so, eigentlich bis ich den Raucher traf, bis ich ihm eine Nachricht schrieb:

»Seit ich Dich kenne, will ich nicht mehr nur das Gute wollen. Ich will auch das Schlechte und dazu auch stehen, weil das zum Leben dazugehört: den Schmerz, die Sehnsucht, die Angst. Den Zweifel. Ich will das Blut durch meinen Kopf rauschen hören, nicht, weil ich beim Yoga den Schulterstand falsch mache. Sondern weil etwas in mir pumpt. Ich will Dich und ich will nichts dagegen tun. Wenn Du morgen nicht mehr zurückschreibst, dann habe ich wenigstens nicht mein Leben verwartet.«

Ich gab die Nachricht meiner besten Freundin Lena zum Lesen. Sie fing an zu weinen. An der Bar unseres Stammlokals, das eigentlich gar nicht unser Stammlokal sein dürfte, weil es viel zu teuer ist. Lena fragte, warum ich ihr all das nicht schon früher erzählt hatte. »Das wäre doch wichtig gewesen für mich, das zu wissen. Dass bei dir auch nicht immer alles so einfach und problemlos läuft. Dass hinter dieser ganzen verdammten Glückseligkeit auch Abgründe liegen. Sehnsüchte!«

Sie war erleichtert. Was gemein war. Aber ich verstand sie. Denn ich war es auch.

Die Nachricht entstand nach der zweiten Nacht mit dem Raucher. Aber das, was ich in ihr beschreibe, passierte bereits in der Ecstasy-Nacht. Nämlich in dem Moment, in dem ich endlich losließ und mich darauf einließ, mit ihm das Meer an der Decke zu sehen. Wir wussten, dass diese intensive Nähe zwischen uns von Drogen simuliert war. Sie blieb uns aber auch nüchtern erhalten, weil das Vertrauen, das ich ihm schenken musste, um den Rausch zu überstehen – während der ersten Stunden hatte ich wirklich das Gefühl, nie wieder klar zu werden –, etwas in mir freimachte. Die Nähe war noch da, als wir uns das zweite Mal sahen. Und auch in der Hotelnacht, die auf den Tag folgte, an dem ich entschieden hatte, aus meinem alten Leben auszuziehen.

Ich traf den Raucher Anfang Dezember. Einen Monat später packte ich meine Sachen. Eigentlich nur ein Auszug auf Probe. Um Luft zu holen. Denn nicht nur ich hatte Magnus betrogen, auch er mich. Aus dem Luftholen wurde ein regelmäßiger Atem. Ich sollte nie zurückkehren. Kurz bevor ich den Raucher das erste Mal küsste, sagte ich: »Wenn ich das jetzt mache, ist alles anders.« So war es.

Dieser Kuss, sein Geschmack nach Zigaretten, Kaugummis und Litschi-Bionade, hat alles in Frage gestellt. Meine Liebe zu Magnus, mein bisheriges Leben. Auch mein Verhalten gegenüber mir und anderen. Wie viel Nähe ich zulasse. Wie viel Distanz ich brauche. Der Raucher und ich verboten uns jeglichen Bullshit, all die Spiele, die man beim Anbandeln spielt, das Zappelnlassen, das Coolbleiben. Wir sagten alles, wir konfrontierten einander mit brutaler Ehrlichkeit. Wenn wir uns sahen, taten wir vor fünf Uhr morgens kein Auge zu.

Der Raucher war neugierig. Aber so engagiert wie in der Hotelnacht, in der Nacht als David Bowie starb, in der ersten Nacht meines neuen Lebens, hatte er mich noch nie ausgefragt. Vielleicht, weil ihm auf einmal klar wurde, dass es an der Zeit war mich richtig kennenzulernen, nachdem mein Auszug aus der Wohnung mit Magnus natürlich auch unser Verhältnis zueinander verändert hatte. Ich erwartete nichts von ihm. Ich wusste ja selbst nicht, wo ich mit mir hinwollte. Hinsollte.

Einen Tag zuvor noch war ich für ihn eine Affäre. Eine Frau, die in einer langen Beziehung steckt und für die er ein Abenteuer ist. Heute konnte ich auf einmal alles für ihn sein. Ich war nicht mehr berechenbar. Nicht mehr eine der vielen Frauen, die er seit seiner plötzlichen Trennung im Frühling verführt hatte. Wahrscheinlich wurden seine Fragen auch deshalb drängender.

Er wollte alles wissen. Was mich in seine Arme, in dieses Bett getrieben hatte, woher die Narbe an meinem Mund stammt, was Magnus für ein Mann ist und wann ich gemerkt hatte, dass unsere Liebe zu Teamfähigkeit geworden war. Er wollte wissen, wo ich herkomme, wie ich aufgewachsen bin, was meine Brüder für Jungs waren und was sie heute für

Männer sind, ob meine Großeltern noch leben und was sie im Zweiten Weltkrieg gemacht haben, wie mein erster Schultag war, wie ich mich mit meinen Eltern verstehe, welche Art von Menschen sie sind und was sie beruflich machen. Die letzte Frage war die leichteste von allen, trotzdem stolperte ich über sie.

»Okay, deine Mama ist Lehrerin. Und was macht dein Vater?«

»Der ist Kaufmann. Er handelt mit Sachen. Immobilien und so.«

»Und so? Du weißt es nicht genau oder wie?«, seine blauen Augen wurden noch blauer, als sie es ohnehin schon waren.

»Na klar weiß ich's!«

»Dann erklär's mir.«

»Hab ich doch schon!«

Ich schälte mich aus seiner Umarmung und lehnte mich mit dem Rücken an die kalte Wand.

»Wieso wirst du denn jetzt so böse? Ist doch keine schwere Frage! Wieso willst du nicht über deinen Vater reden?«

»Ich will über ihn reden. Ich liebe meinen Papa!«

»Na also, wo ist das Problem?«

Ich war beleidigt. Ich wollte nicht über meinen Vater reden. Warum, weiß ich nicht. Ich fühlte mich unwohl bei dem Thema. Die Beziehung von Papa und mir fühlte sich zu groß und vertrackt, nach zu vielen offenen Enden an, da traute ich mich nicht ran. Dass ich nicht darüber reden wollte, hatte aber auch mit dem Raucher zu tun. Weil Björn keine Affäre geblieben ist, sondern meine Wette auf die Zukunft wurde.

Björn und ich, unsere Zweisamkeit, das fühlt sich in der Rückschau an, als wäre es von einer Nacht auf die andere passiert. Leben im Zeitraffer. Trotzdem musste ich mich erst einmal trennen. Das Leben mit Magnus aufribbeln, das sich so engmaschig verwoben anfühlte. Björn ließ mich in dieser Zeit nicht allein. Im Gegenteil: Ich durfte in seinen Armen um Magnus weinen. Ich frage mich bis heute, wie er das ertragen hat. Seine neue Freundin um einen anderen trauern zu sehen. Auch deshalb habe ich alles, was ich hatte, auf ihn gesetzt. Habe fünfeinhalb Jahre Gutes hinter mir gelassen für eine Chance auf etwas Besseres.

–

Jeder Mensch hat sein eigenes Sprachregister, jeder passt sein Reden dem Gegenüber an, um gehört und verstanden zu werden. Mit meinen Großeltern spreche ich anders als mit meinen Eltern – als mit meinen Brüdern, als mit meinen Freunden. Zu der variierenden Sprache habe ich in den Jahren meines Erwachsenwerdens auch verschiedene Versionen meiner selbst sortiert. Ich habe je nach Gegenüber Informationen über mich unterschiedlich gerecht verteilt. Auch in der Beziehung zu meinen Eltern und insbesondere in der Beziehung zu meinem Vater, über die Björn so gerne mehr wissen wollte.

Über meine Generation heißt es, sie sei ihren Eltern so nah wie keine vor ihr. Für mich stimmt das nur halb. Ich bin mit 18 ausgezogen, meine Eltern sind noch zusammen, zwischen uns gab es nie einen Bruch, nie eine Situation, die unsere Dynamik, die Rollenverteilung zwischen Eltern und Kind oder besser: Kindern, in Frage gestellt hätte, nichts, was unsere mühsam errichteten Favelas zum Einsturz hätte bringen können. Ich habe weitestgehend so funktioniert, wie es sich wohl die meisten Eltern für ihre Kinder wünschen:

Ich habe Abitur gemacht, einen Bachelor, einen Master, war an der Journalistenschule und habe danach direkt angefangen zu arbeiten. Ich bekam kein Geld mehr von zuhause. Ich wollte auch keins. Ich warf mich selbst ins kalte Wasser. Ich wollte meine Frau stehen. Nur einmal hatte ich einen kleinen Lebensschluckauf. Während meines Masterstudiums – nachdem ich beim ersten Versuch an der Journalistenschule abgelehnt wurde. In der Zeit danach ließ ich an der Uni sechs Hausarbeiten auflaufen. Ich hatte keine Motivation mehr. Nur, weil mein Lebensplan A nicht auf Anhieb funktioniert hatte. »Frei zu sein bedeutet auch, verlieren zu können. Das wird Gewesenes nicht schmälern und auch nicht das, was anderen künftig möglich ist«, schrieb 1960 die französische Journalistin Françoise Giroud in ihrem Buch *Ich bin eine freie Frau.* Aber ich war nicht gut im Verlieren. Als die nächste Bewerbungsrunde für die Journalistenschule losging, packte mich der Ehrgeiz wieder. So viele Jahre Studium ohne Abschluss zu beenden, kam nicht in Frage. Nicht für mich und auch nicht für meine Eltern, das war mir klar. Dadurch, dass wir unsere Beziehung zueinander als Erwachsene nie neu hatten definieren müssen, fühlte ich mich als ihr Kind auch mit Mitte zwanzig noch in der Bringschuld. Die vermeintliche Elternnähe meiner Generation äußerte sich bei mir vor allem in einer Elternabhängigkeit.

Dachte ich an mein mögliches Versagen, sah ich das Gesicht meiner Mutter nach meiner mündlichen Geschichtsprüfung vor mir, Probeabi, 10. Klasse. Ich hatte nur eine 2+

bekommen, weil ich mich in der Erörterung der Frage, wie Hitler 1933 an die Macht kam, in Details zu Hindenburg verheddert hatte, die ich in einem von Mamas alten Unibüchern gelesen hatte. Sie ist Geschichtslehrerin. »Nur eine 2+? Wie konnte das denn passieren?« Mit meiner eigenen Enttäuschung hätte ich für diesen Nachmittag genug zu tun gehabt. Nun schulterte ich auch noch ihre.

Papas Enttäuschung war nicht so leicht zu haben. Seine Liebe war an weniger Forderungen geknüpft. Ich glaube, das hat mit den unerfüllbaren Ansprüchen seines eigenen Vaters zu tun. Da ich ihm sehr viel mehr zumuten musste, um eine Reaktion zu provozieren, fürchtete ich mich umso mehr vor dem Entsetzen in seinem Gesicht, wenn ich es dann doch schaffte.

Als Teenager hatte ich ihm mal auf dem Hausflur ins Gesicht geschrien: »Bist du bescheuert, oder was?« Wenn ich an diesen Moment denke, sehe ich ihn vor mir wie ein GIF, in Dauerschleife. Gerade schimpft Papa noch mit nach vorn gebeugtem Oberkörper und erhobenem Zeigefinger, schon ist er wie getroffen, schlägt die Augen nieder, lässt den Arm fallen wie eine Marionette, aus der das Leben weicht, seine Schultern sacken zusammen, er schüttelt den Kopf und geht, ohne etwas zu sagen.

Und noch mal von vorn.

Bis heute versuche ich, meine Eltern vor bestimmten Teilen meiner selbst zu schützen. Oder anders: Bestimmte Wahrheiten verberge ich vor ihnen, jedenfalls die, von denen ich weiß und vermute, sie könnten ihnen nicht gefallen. Ich will sie nicht enttäuschen.

Meine Journalistenfreunde schicken ihre Texte nach Erscheinen stolz ihren Eltern. Ich erzähle meinen nur von den unverfänglichen, von denen ich sicher weiß, dass sie nicht zu viel über mich verraten. Aus Angst vor Selbstentblößung und Kritik. Die amerikanische Schriftstellerin Erica Jong sagte einmal in einem Interview: »Die Kritiker, die wir am meisten fürchten, sind unsere Familien.« Deshalb zeige ich ihnen nicht alles – nicht die Texte, in denen es um Sex, um Drogen und um Liebe geht. Mein Schweigen macht mich unabhängig. Meine Geheimnisse stiften Geborgenheit. An sie kann ich mich anschmiegen wie an ein Kissen. Aber irgendwie ist so eine Häppchen-Persönlichkeit auch verdammt feige.

Dass das auch anders geht, habe ich erst von Björn gelernt. Und dass ich so extrem abwehrend auf seine Nachfragen zu meinem Vater reagierte, hatte auch mit seiner eigenen radikalen Offenheit gegenüber seinen Eltern zu tun. Er erzählt ihnen alles. Welche Drogen er genommen hat, wie tief er im Dispo steckt und mit wem er wann abgestürzt ist. Warum? »Nach ihrer Scheidung war alles anders. Ich habe sie weinen, leiden, neu anfangen sehen – das hat unser Verhältnis verändert. Es fühlte sich nicht mehr an wie Eltern und Kind, sondern gleichrangiger, mehr auf Augenhöhe.«

Seine Frage nach Papa versetzte mir aber nicht nur wegen seiner eigenen Eltern-Diplomatie einen Stich. Sondern auch, weil er mich an ihn erinnert, so komisch das auch klingen mag. Sigmund Freud vermutete, dass das gegengeschlechtliche Elternteil Einfluss auf die spätere Partnerwahl hat. Und zwar als individuelle Erinnerung, die dann in der Suche nach Ähnlichkeiten, Gemeinsamkeiten und Vertrautem wiederkehrt. Seit Freud wurde diese Theorie weiterentwickelt, im Hinblick auf Äußerlichkeiten, Persönlichkeiten und genetische Merkmale. Fest steht: Welches Verhältnis man als Frau zu seinem Vater hat und welche Art von Vater man für seine Tochter war, ist weit über die Pubertät hinaus von Bedeutung; es beeinflusst die Töchter ein Leben lang, auch in der Frage, wen sie warum wie lieben.

–

Mein erster Freund hieß Paul und sah aus wie ein Indianer. Ich war 14, er war 17 und fuhr mich nach meinem Abtanzball in meinem langen schwarzen Abendkleid und mit schwarzer Stoffrose im Haar auf seinem Gepäckträger durchs Dorf zum Spiegeleieressen. Ich war sofort verliebt.

Wenn das Leben in Phasen kommt, dann auch die dazugehörigen Menschen. Nur versteht man das erst im Nachhinein, nicht, wenn es gerade passiert. Paul, der Junge für die ersten Male. Das erste Mal küssen, abstürzen, Sex, lieben, belügen, das erste Mal darüber nachdenken, wohin man im Leben möchte und wie weit weg von dem Leben, das die Eltern führen. Ich wollte sehr weit weg und, dass alles anders wird. Paul wollte bleiben, und dass sich nichts ändert oder zumindest so wenig wie möglich. Für meine Eltern war Paul ein dankbarer erster Freund – unkompliziert, nett, aus demselben Dorf, aus einer guten Familie. Da, wo ich herkomme, ist das wichtig.

Die Jahre mit ihm sind eine Sammlung von Momenten: Wie wir uns das erste Mal auf dem Stoppelmarkt in Vechta am Fuße des Riesenrads, umgeben von tausend Farben und Menschen und dem Geruch von Bratwurst küssen, ich trage Jeans und ein rosafarbenes Shirt mit Puffärmeln, auf dem Shirt ist ein riesiger Fleck Bier; wie wir im Garten seiner Eltern in der Sonne Backgammon spielen; wie ich tagelang im

Bett sitze und an einer dunkelroten Mütze für ihn stricke, die bis zum Weihnachtsfest noch immer die Größe einer Kippa hat.

Mein Umzug nach Berlin bereitete unserer Beziehung nach vier Jahren ein Ende.

Trotzdem hat er mir etwas gegeben, das blieb: Urvertrauen. Paul zeigte mir, dass ich es wert bin, geliebt zu werden, und zwar ohne Kompromisse – als junges Mädchen ist man sich dessen oft nicht ganz sicher. Das hat jede Beziehung nach ihm grundlegend geprägt, für emotionales Knochenschnappen war ich nicht zu haben. Er zeigte mir, dass eine Beziehung auf Vertrauen basiert und nicht auf Kontrolle. Dass man auch mal in verschiedene Richtungen laufen kann, wenn man weiß, an welcher Kreuzung man sich wieder treffen will. Paul und mein Vater pflegten währenddessen ein gleichgültiges Verhältnis – sie mochten sich, kamen sich aber nie besonders nah.

Anders mit dem Berliner in Röhrenjeans. Die Vorbehalte, die mein Vater meinem zweiten Freund entgegenbrachte, blieben. Obwohl sich beide bemühten. Das Unbehagen war greifbar. Vielleicht auch, weil mein Vater merkte, dass er mich an diesen Mann in Röhrenjeans fürs Erste verlieren würde. Er stand für die Phase des Neuanfangs. Für Berlin. Für den Weg, auf dem ich mich befand. Weit weg von zuhause und in Abgrenzung zu meinen Eltern, zu dem Leben auf dem Land, zu der Nähe, die eine große Familie in einem kleinen Dorf bedeutet. Der Berliner brachte mich auf Distanz.

Magnus, mein dritter Freund, hielt sie aufrecht. Er war der Mann aus Berlin, nach dem ich gesucht hatte: intelligent, ehrgeizig, Einser-Abi, Kunststudent, mit den richtigen Bildbänden im Regal und riesigen Prints auf Alu-Dibond an der Zimmerwand, cool, aber eben nicht hip, kein damals angesagter Schnauzbart, keine Palisandermöbel, kein Styler, sondern ein Macher und ein sehr talentierter noch dazu, sensibel, der Richtige.

In der Beziehung zu ihm nahm ich mich das erste Mal als Frau wahr. Vermutlich lag es auch daran, dass ich in dem Winter vor ihm, nach der Trennung von dem Berliner in Röhrenjeans erste Affären und One-Night-Stands gehabt hatte. Ich hatte also Erfahrungen gemacht, die auch, aber nicht immer schön und dafür umso wichtiger gewesen waren, ein großstädtisches Liebesleben: Ich musste lernen, Nein zu sagen und zu diesem Nein zu stehen, musste immer wieder darum bitten und darauf bestehen, dass ein Kondom benutzt wird, und ich musste lernen, mich nicht respektlos behandeln zu lassen. Weil Magnus und ich uns zum Ende unseres Studiums kennenlernten, veränderten sich auch die Routinen. Wir gingen weniger aus und kochten öfter, waren seltener verkatert und arbeiteten mehr. Nach zwei Jahren zogen wir zusammen, und auf einmal waren wir nicht mehr nur Freund und Freundin, sondern auch Lebenspartner.

Ich merkte, wie ich in Haushaltsdiskussionen immer häufiger in die Rolle meiner Mutter schlüpfte. Dass ich auch anfing, den Abwasch, den Einkauf, das Aufräumen lieber schnell selbst zu erledigen, bevor ich Magnus darum bat. Wir stritten oft ausgiebig darüber, wir verziehen uns meistens. Spurlos gingen die Geschlechterkämpfe nicht an uns vorbei. Ich wollte ihm ins Gesicht schreien: »Ich bin doch nicht deine Mutter!«

Aber erst mal wurden wir gemeinsam erwachsen. Ich dachte, er sei der Mann fürs Leben. Und dass diese Kämpfe zum

Leben dazugehören. Bis mir auffiel, dass wir um nichts mehr kämpften außer um den Sieg.

Wir wuchsen aneinander. Auch beruflich. Magnus war Ansporn, ein ständiges Höher, Schneller, Weiter. Mein Vater und er verstanden sich, wenn es um Autos ging. Sie waren höflich und nett, sie ließen sich gewähren und sonst in Ruhe. Fast jeden Sommer verbrachten Magnus und ich ein paar Tage bei meinen Eltern, was hieß, mit Mama, die Ferien hatte und interessiert an unserem Leben war. Mein Vater und mein kleiner Bruder verließen morgens das Haus, und wenn wir abends alle auf der Terrasse zum Grillen zusammensaßen, ging es um dies und das, nur nie um Magnus oder mich. Ich erzählte nichts, mein Vater fragte nichts. Vielleicht war ich sogar froh, dass keiner engagiert nachhakte, aber insgeheim kränkte es mich auch. Herta Müller lässt ihren Protagonisten Leo in der *Atemschaukel* über die Zeit nach der Heimkehr aus dem Gulag sagen: »Fremdsein ist bestimmt eine Last, aber Fremdeln in unmöglicher Nähe eine Überlast. Ich hatte den Kopf im Koffer, ich atmete russisch. Ich wollte nicht weg und roch nach Entfernung.« Ich hatte den Kopf im Computer, ich atmete Berlin. In dieser Zeit entwickelte ich etwas, was ich Familienweh taufte.

–

Es piept dreimal. Die Tür der Nord-West-Bahn schließt automatisch. Ich stehe drinnen. Draußen steht meine Mutter. Sie winkt. Ich winke. Wir winken. Abfahrt Richtung Berlin. Ich suche mir einen Platz im Vierer. Drei Jugendliche setzen sich in die 1. Klasse. Sie sprechen eine Sprache, die ich noch nie gehört habe. Links von mir sitzen zwei Frauen um die 50, beide tragen die Haare mittellang, blondiert, dunkelblaue Daunenjacken. Die eine: »Das wird aber Ärger geben, wenn der Schaffner kommt. Die haben bestimmt kein Ticket für die 1. Klasse!«, sie meint die drei Jungs. Es ist Sonntagnachmittag, nicht ganz fünf Uhr, um zweiundzwanzig nach neun wird mein Zug in Berlin einrollen. Jetzt erstmal Holdorf, Neuenkirchen, Rieste, kurz vor Hesepe schreibe ich eine WhatsApp-Nachricht an eine Gruppe mit sieben Freunden. Ich kenne sie noch nicht lange, trotzdem sind wir uns sehr nah. Als hätten wir es mit Ende zwanzig alle auf einmal verdammt eilig mit dem Freunde-Finden. So eilig wie damals in der Schule, als es darum ging, mit wem man seine Jugend verbringt, und dann noch mal zu Beginn des Studiums, als angeblich die »besten Jahre« auf uns warteten. Nun geht es um nichts weniger als um die Suche nach den Menschen, mit denen man das Leben beginnt.

Meine Sitznachbarinnen warten auf den Schaffner. Ich versuche zu lesen. Ich schaue aus dem Fenster. Feld, Bach, Wald, Schweinestall. Grün, Braun, Gelb, roter Backstein.

Der Schaffner kommt, geht in die 1. Klasse. »Fahrkarten, bitte!« Die drei Jungs zeigen ein Blatt Papier. »Okay, aber nicht hier. Da hinten.« Er schaut in sechs weit aufgerissene Augen. »Sit woanders«, schreit der Schaffner. Die Jungs schleichen davon, der Schaffner lässt sich auf einen der Plätze in der 1. Klasse fallen. Für meine Mitfahrerinnen links von mir ist die Gerechtigkeit wieder hergestellt. Sie sitzen, die Jungs stehen. Die zwei Frauen nicken sich lächelnd zu. Meine Heimat.

Zugfahren stimmt mich nachdenklich. Vielleicht, weil ich mich im Übergang befinde. Nicht hier, nicht dort, dazwischen.

Wenn auf Zugfahrten etwas passiert, lese ich es immer als Zeichen. Als ich mit 24 für ein Jahr nach München zog, lief ein Pferd vor meinen ICE. Kein Personen-, ein Pferdeschaden. Ich erreichte München drei Stunden später und fühlte mich selbst beschädigt. Ich, das Pferdemädchen. Was, wenn dieses tote Pferd mir etwas sagen sollte? Kehr um. Bleib in Berlin.

Ein Jahr später verließ ich die bayrische Hauptstadt wieder. Wehmütig. München war das Beste, was mir zu dem Zeitpunkt hätte passieren können. Weil ich in München etwas über mich als Berlinerin lernte: dass Berlin nur der Nabel ist, wenn man sich selbst als Nabel betrachtet.

Als ich mich drei Tage zuvor zu dieser Heimreise aufmachte und am Berliner Hauptbahnhof, Gleis 11, in den IC stieg, roch der Zug Richtung Heimat für mich nach Bauernhof. Das tut er immer, wenn ich mich auf den Weg zu meinen Eltern mache. Ich glaube, ich bin die Einzige, die in diesen Zügen die Ställe, das Heu, die Wiesen, das Moos, den Wald riecht. So bereiten sich meine Sinne auf das Wochenende vor.

Auch der Abschied von meinen Eltern folgt gewissen Ritualen: Ich bin jedes Mal traurig, wenn ich zurück nach Berlin fahre. Manchmal schon im Zug. Auf jeden Fall aber, sobald ich zuhause bin und mich dort jemand fragt, was los sei. »Nichts«, ist dann meine Antwort, weil ich nicht weiß, wie ich das, was ich fühle, in Worte fassen soll. Denn eigentlich ist ja wirklich nichts. Es ist nichts vorgefallen, nichts Besonderes passiert. Was vermutlich das Problem ist. Diese merkwürdige Traurigkeit, das Familienweh, erzählt von dem, was zwischen mir und meinen Eltern und vor allem zwischen mir und meinem Vater steht. All das Ungesagte, die Missverständnisse, die Wehmut um die vertane Zeit. Schon wieder ein verwartetes Wochenende, eines, an dem sie mich nicht gesehen und ich mich nicht gezeigt habe, an dem jeder für sich damit beschäftigt war, seine Maske hochzuhalten und sich gleichzeitig einzureden, dass die anderen sie nicht sehen.

Die bürgerliche Familie ist ein großer Maskenball. Wenn alle aufeinandertreffen, ist der Sekt längst kalt, das Fleisch schmort im Ofen, und auf dem Tisch stehen Blumen, Kerzen und manchmal sogar das gute Geschirr. Alle kommen miteinander klar, weil keiner sich wirklich zeigt. Weil es leichter ist, sich hinter den Masken von Anstand, Höflichkeit, von Das-gehört-sich-so zu verstecken, als die eingeübten Rollen und Dynamiken zu durchbrechen.

Manchmal schafft das der Ernstfall, eine Tragödie, ein Todesfall, manchmal auch nur ein Totalausfall. Wie ihn Maren Ade in *Toni Erdmann* heraufbeschwört. In dem Film spielt Peter Simonischek einen Mann namens Winfried Conradi, Musiklehrer, Alt-68er und Vater der Unternehmensberaterin Ines Conradi, gespielt von Sandra Hüller, die er nach dem Tod seines Hundes in Bukarest besucht. Die beiden haben sich wenig zu sagen. Vater Conradi hat keinen Platz in der Welt seiner Tochter. Er will wieder abreisen, überlegt es sich aber anders und taucht von da an auf Ines' Geschäftsessen und Terminen mit Perücke und falschen Zähnen als »Toni Erdmann« auf. Schamlos und beharrlich zwingt er seine Tochter, sich mit ihm auseinanderzusetzen. Ein Akt der Zumutung.

Auch ich habe versucht, mich meinem Vater zuzumuten. Vielleicht war das keine gute Idee. Denn in meinem Fall bedeutete das erst mal, überhaupt zu sagen, dass zwischen uns etwas falsch läuft. So schob ich eines Abendessens auf der Terrasse, nach drei Gesprächstagen über das Leben der anderen, meinen Teller von mir und sagte: »Mir reicht's. Ich sitze euch schon das ganze Wochenende gegenüber, und alle Fragen, die ihr mir gestellt habt, waren entweder mit zwei Sätzen zu beantworten oder belanglos. Keine Frage nach meiner Arbeit, meinem Freund, nach mir.«

Meine Mutter war von diesen Anschuldigungen ausgenommen. Sie spürte das, ohne dass ich es ihr sagen musste. Weil sie weiß, was in meinem Leben los ist. Wir reden nicht nur, wenn ich zu Besuch bin. Unsere Gespräche sind ein Fortsetzungsroman, keine Wasserstandsmeldung. Ich meinte meinen Vater und meinen Bruder. Nach dem Essen stand ich auf, Papa sah erschrocken aus, hilflos, in den Augen diese Papa-Frage: Warum schon wieder ich? Er ging mir hinterher und entschuldigte sich. Und plötzlich tat er mir leid. Ja, warum eigentlich schon wieder er? War ich zu streng mit ihm? War ich ungerecht? Vielleicht. Aber vielleicht auch nur, weil man am meisten von den Menschen erwartet, die man am meisten liebt.

Mein Toni-Erdmann-Moment, für den ich mich ja nicht verkleiden, sondern für den ich die Verkleidung mal ablegen musste, war zu klein, um etwas zu verändern. Aber er war ein Anfang. Der Anfang der Reise, die ich für dieses Buch unternommen habe. Der Reise zu meinem Vater. Weil ich kein Familienweh mehr haben will. Diese Mischung aus Heimweh und Wegwollen. Dieses diffuse Gefühl ohne richtigen Anfang oder bestimmtes Ende. Das immer da ist, wenn ich da bin. Zurück an dem Ort, den ich Heimat, aber nicht mehr Zuhause nenne. Weil ich meinen Vater zurückwill.

In der Psychologie gilt die Vater-Tochter-Beziehung als die schwierigste und distanzierteste aller Familienbindungen. Während Väter den Zugang zu ihren Söhnen über die Suche nach Gemeinsamkeiten finden, reagieren sie auf ihre Töchter in komplexerer Art und Weise, beeinflusst von ihrem eigenen Verständnis von Weiblichkeit, das wiederum beeinflusst ist von ihrer eigenen Mutter-Sohn-Beziehung und den femininen Seiten ihrer selbst.

Das heißt, damit aus dem Mädchen, das ich noch immer für meinen Vater bin, eine Frau werden kann, muss ich mich dieser Beziehung in all ihrer Vertracktheit und Stille stellen. Das heißt auch: Ich kann meinen Vater nur dann wiederfinden, wenn ich zu ihm zurückkehre, um mit ihm gemeinsam weiterzugehen.

Von: Mareike Nieberding
An: Papa
Re: Lebensfragen | Kinder

Wusstest Du schon immer, dass Du Kinder willst?
Ja.

Warum?
Weil Kinder für mich das logische Ergebnis einer auf ein ganzes Leben ausgerichteten Beziehung sind und weil ich finde, dass man ihnen eine Chance auf ein erfülltes Leben geben muss.

Inwiefern geht man mit dem Erstgeborenen anders um als mit dem zweiten oder dritten Kind?
Ich denke, dass man mehr Erwartungen und Hoffnungen hat.

Wie hat Deine eigene Erfahrung den Umgang mit mir beeinflusst?
Ich war als Kind und auch später einem übergriffigen Vater ausgeliefert. Übergriffig ist für mich jemand, der seine Mitmenschen einschränkt und ihnen Dinge aufzwingt, die sie selbst nicht wollen. Beides wollte ich meinen Kindern nie antun.

Warst Du bereit für Kinder?
Ja.

Hast Du die Verantwortung unterschätzt?
Das kann ich so nicht sagen, allerdings verhilft einem der Kinderwunsch zu einer gewissen Blauäugigkeit nach dem Motto: »Das kriegen wir schon hin!«

Fühlst Du Dich noch immer als das Kind Deiner Mutter?
Das Kind-Sein-Gefühl geht nie ganz weg. Allerdings wächst das Verantwortungsgefühl für die eigenen Eltern mit den Jahren und mit zunehmendem Alter meiner Mutter.

Wenn Du mit zwei Worten beschreiben müsstest, wie Du uns erzogen hast, welche wären das?
Großzügig und zu Selbständigkeit.

Ist ein Mensch schon wie er ist, wenn er oder sie auf die Welt kommt, oder werden Menschen von ihrer Umgebung zu dem gemacht, was sie sind?
Ich glaube, dass Veranlagung und Charakter schon sehr früh vorhanden sind, aber vor allen Dingen in ganz früher Jugend durch das Beispiel der Eltern beeinflusst werden können.

Welche Eigenschaften Deiner Eltern entdeckst Du in Dir?
Die latente Jähzornigkeit von meinem Vater als schlechte Eigenschaft und ein gewisses Phlegma von meiner Mutter. Auf der anderen Seite ein gutes Gefühl für Zahlen und wirtschaftliche Abläufe von meinem Vater und Empathie und Herzenswärme von meiner Mutter.

Welche Deiner und Mamas Eigenschaften entdeckst Du in mir?
Als gute Eigenschaften Offenheit und immerwährende Neugier, Zielstrebigkeit und Durchsetzungswillen. Sowie ein gro-

ßer Optimismus. Als schlechte Eigenschaften: Du regst Dich sehr schnell auf und lässt andere Meinungen ungern stehen.

Was erwartest Du von Deinen Kindern?
Dass Sie Ihren Weg gehen und die Familie als ganz wichtigen Teil des Lebens achten und respektieren.

Wann warst Du das letzte Mal von mir enttäuscht?
Als sowohl Du als auch Mama mich ziemlich brüsk abgekanzelt habt, weil ich irgendetwas gesagt habe, was ihr anders gesehen habt.

Wenn Du alles noch mal von vorne machen könntest – was würdest Du anders machen?
Ich glaube, ich würde nichts anders machen, weil ein Zusammenleben nicht wie ein Businessplan funktioniert, sondern von einer Situation zur nächsten lebt.

4

Im Radio läuft Katy Perry:

Are we crazy?
Living our lives through a lens
Trapped in our white-picket fence
Like ornaments
So comfortable, we live in a bubble, a bubble
So comfortable, we cannot see the trouble, trouble.

Die Welt bewegt sich in SUVs und Lastwagen. Der Tempomat steht bei 140. Auf der Autobahn muss man schon hartnäckig starren, bis mal ein Überholter zur Seite guckt und irritiert zurückglotzt. Fährt man mit dem Auto durch unser Dorf, drehen sich die Köpfe. Kein Vorbeifahrer bleibt unregistriert. Es sind ja nicht so viele. Auf der Autobahn ist rausgucken für mich an diesem Freitagmorgen auf der A1 in Richtung Freiburg einfacher, als reinzugucken, hinzugucken, zu Papa. Ihn da sitzen und fahren zu sehen wie schon so viele Mal vorher. Das Gute am Autofahren ist ja, dass man sich beim Reden nicht in die Augen schauen muss. Dass man ohne Entschuldigung stur geradeaus schauen kann.

Annäherung ohne Konfrontation.

Die erste Zigarette raucht er nach 82 Minuten Fahrzeit, um 6:44 Uhr. Es ist ungewohnt, so lange zusammen unterwegs zu sein. Noch viereinhalb Stunden. Ich stelle Fragen, um die Stille zu füllen. So wie der Smalltalk zu Beginn eines Recherche-Termins, mit dem man den Interviewpartner und sich selbst warmquatscht und herausfindet, auf welcher Ebene man diesen Fremden jetzt zum Reden bekommt: über Humor oder Provokation oder Tiefschürfen.

Ein Interview ist immer auch ein Flirt. Egal, ob da ein Mann oder eine Frau sitzt. Es geht darum, dem anderen etwas zu entlocken, das er sonst noch niemandem erzählt hat. Das kann eine kleine Anekdote sein oder die große Lebensbeichte. Hauptsache, man hat mehr rausbekommen als die anderen. Mit Papa funktioniert das natürlich nicht. Dafür ist unser Kommunikationsverhalten viel zu belastet, war viel zu oft von anderen Menschen im Raum beherrscht.

Aber nun sind wir allein. Im Auto riecht es nach Zigaretten, Plastik und Papas Shampoo. Der Tag ist kaum angebrochen und wir rasseln durch seine Vergangenheit, durch sein Studium in Freiburg, seine Zeit in Münster und Hamburg. Ich bin ganz und gar im Interviewmodus:

Erinnerst du dich noch, wie du das erste Mal nach Freiburg gefahren bist?

Weißt du noch, wie du dich gefühlt hast, als du von zuhause ausgezogen bist?

Was hat Opa da gesagt?

Wie hat Oma da geguckt?

Und deine Geschwister?

Und die alten Freunde?

Wie habt ihr denn Kontakt gehalten damals?

Und wo hast du als Erstes gewohnt?

Wie hieß die Straße?

Was für ein Auto bist du gefahren?

Und wie oft warst du dann zuhause? Ach, nur zweimal im Semester. Krass. Ich denke: Und mir habt ihr das immer vorgeworfen, dass ich so selten zuhause war. Ich verhalte mich nicht wie eine interessierte Tochter, sondern wie eine Journalistin, die in kürzester Zeit die meisten Informationen aus dem Gegenüber herausholen will. Inklusive der Farbe seines ersten Autos (Weiß, es gehörte eigentlich Oma), der Dekoration in seiner Studentenbude (keine Poster an der Wand, nichts), der Musik, die er damals gehört hat (Supertramp, Queen, Uriah Heep, so was). Unser Gespräch ist wie der Berufsverkehr drum herum, es fließt, aber zwischendurch müssen wir auch mal scharf bremsen, weil ich zu schnell angefahren bin.

Die erste Pause machen wir bei Olpe, Nordrhein-Westfalen, ein Pott Kaffee und noch eine Zigarette für Papa. »Und, wie ist es, allein mit deinem Papsi unterwegs zu sein?«, fragt er. Ich schaue auf den Mülleimer vor uns, dort tänzelt eine Bachstelze, und mir fällt ein, dass das auf Plattdeutsch Wippsteert heißt, »Schön!«, sage ich und lächle verlegen, während ein Mann mit einem Bialetti-Kaffeekocher über den Parkplatz läuft, woraufhin ich anfange von den Kaffeegewohnheiten des algerischen Vaters einer Freundin zu erzählen, der keine Reise ohne seinen Mokkatopf antritt. Ich lenke ab. Papa hat seinen Fahrerkaffee früher immer in einer grünen Vilsa-Glasflasche links neben seinem Sitz deponiert. Ich kann mich nicht erinnern, in unserem Haushalt je eine Thermoskanne gesehen zu haben. Das fällt mir noch ein, aber ich sage es nicht. Dann geht es weiter. Ich schlafe. Ich wache auf. »Na, gut geschlafen, mein Engelchen?« Hinter Frankfurt sitzen Flugzeuggucker auf einer Brücke über der Autobahn. Ich frage mich laut, warum. Er sagt: »Vielleicht haben die Frauen sie hinausgejagt, weil sie putzen wollen.« Ich sage: »Haha.«

Ich beobachte ihn. Seine Augen werden klein. Fahrerwechsel. »Ich bin wirklich nicht müde!« Widerwillig fährt er auf den nächsten Parkplatz und lässt mich ans Steuer. Ich fahre seit zwölf Jahren Auto, unfallfrei. Trotzdem erklärt er mir, wie der Tempomat funktioniert. Die Autobahn ist voll, andauernd muss ich abbremsen und den Tempomat wieder neu aktivieren. Er schaut mir auf die Finger. Ich fühle mich wie in der Fahrschule. Irgendwann schläft er ein. Kopf im Nacken, die Kissen, die ich ihm angeboten habe, hat er auf den Rücksitz geworfen. Tüdelkram. Später wird er mich loben, wie gut ich gefahren sei.

Früher, vielleicht sogar noch am Abend vor der Abreise auf dem Sofa bei Maybrit Illner, hätte ich mich als Frau von seinem Lob angegriffen gefühlt. Hätte mich über das Frau-am-Steuer-Ungeheuer-Stereotyp geärgert.

Die Zeit im Auto mit ihm stimmt mich milde. Die fragende, genervte, irritierte Tochterstirn glättet sich schon nach fünf gemeinsamen Stunden. Vielleicht ist in Beziehungen nicht nur das Reden wichtig, sondern auch das Sein.

Ich meine damit nicht das gemeinsame Schweigen, wie es immer über Partnerschaften oder Freundschaften heißt. Weil Schweigen eine Handlung ist und dem Wunsch entspringt, nichts sagen zu wollen. Das Sein ist nichts, was man aktiv entscheiden oder sich wünschen kann. Man ist einfach, und somit kann das Sein auch beim anderen nichts hinterlassen, außer dem wohligen Gefühl, nicht einsam zu sein.

Das zweisame Sein heißt, Zeit verstreichen zu lassen. Dafür muss man sich Zeit nehmen. So wie meine Mutter und ich uns jahrelang immer wieder ein paar Tage frei genommen haben, um gemeinsam nach Wangerooge zu fahren. Vielleicht hat uns auf diesen Reisen nicht nur das Reden verbunden, wie ich es bisher dachte, sondern auch das einfache Sein: am Strand zu liegen, in einem Bett zu schlafen, hintereinander die von Hagebutten gesäumten Wege entlangzuflipflopen. Der Mensch ist nicht nur Sprache, er ist Gehen, Stehen, Laufen, Sitzen, Gucken, Kaufen, Essen, Trinken, Schlafen, Schnarchen, Innehalten, Entscheiden, Stirnkräuseln.

111 km vor Freiburg sagt Papa, ich solle hupen, so wie er früher, wenn er als Student mit seinem Mini Cooper Richtung Süden fuhr. Ich hupe nicht. Ich weiß auch nicht warum, vielleicht bin ich manchmal zu streng mit ihm, denke ich später. Wieso habe ich uns diesen kleinen Moment nicht gegönnt? Die zweite Pause machen wir drei Kilometer vor Achern. Wir tauschen zurück. Links ginge es nach Freudenstadt. Noch 88 km bis Freiburg. Stau.

Eigentlich ist Freiburg nur eine Station auf dem Weg ins Bärental, durch die Höllenschlucht, vorbei am Hirschsprung und am Titisee, den Feldberg hoch, aufs Berghaus. Das Berghaus ist ein alter Bergbauernhof, den Papas Studentenverbindung Hercynia unterhält. Eine katholische Verbindung, gegründet 1873, in der Zeit der badischen Religionskriege mit gelb-rot-lilafarbenem Wappen und den Prinzipien: amicitia, patria, religio, scientia, Freundschaft, Heimat, Religion, Wissenschaft. Das Berghaus ist neben der Insel Wangerooge mein erster Kindheitsurlaubserinnerungsort. Es war auch das erste gemeinsame Urlaubsziel meiner Eltern.

Damals holte mein Vater meine Mutter auf dem Weg in den Süden in Köln ab, in blauen Segelschuhen und einem blau karierten Sakko. Sie fand das albern. Segelschuhe trug man damals auf dem Segelboot. Das Berghaus ist das Ziel unseres ersten Vater-Tochter-Wochenendes. Ob die Wärme, die das Anschauen der Vergangenheit erzeugt, das Jetzt ersticken wird, als würde man im Sommer unter eine zu dicke Decke kriechen? Werden die Erinnerungen von der Gegenwart Besitz ergreifen? Wird die Nostalgie die Sicht auf das Heute verstellen und uns um einen Neuanfang betrügen?

In einem meiner Uni-Seminare habe ich mich mit Erinnerungskultur beschäftigt und die Essays der Anthropologin Aleida Assmann gelesen. Vieles von dem Gelesenen und Gelernten ist mit der Zeit in meinem Gedächtnis verschüttgegangen. Aber einen Satz von Assmann habe ich nie vergessen, weil er mir damals nicht nur *Die Atemschaukel* von Herta Müller aufgeschlossen hat, sondern einen grundsätzlichen Umgang mit Geschichten und Geschichte, mit der eigenen, der der anderen und der gemeinsamen: »Der Akt des Erinnerns geschieht in der Zeit, die aktiv an dem Prozeß mitwirkt.«

Assmann meint damit: Indem das Erinnern retrospektiv verfährt, geht es »von der Gegenwart aus, und damit kommt es unweigerlich zu einer Verschiebung, Verformung, Entstellung, Umwertung, Erneuerung des Erinnerten zum Zeitpunkt seiner Rückrufung«. Das Erinnerte wird so fortlaufend neu perspektiviert. Das heißt, Erinnerungen hängen von dem Moment des Erinnerns ab. Und somit hängt die ganze Konstruktion der eigenen Persönlichkeit, die immer auf Erfahrungen basiert, von der Bewertung des Erlebten im Jetzt ab.

Das beweist auch das Schreiben dieses Buchs. Als ich entschied, ein Buch über meinen Vater und mich zu schreiben, und anfing an einem Exposé zu arbeiten, zwang ich die vielen Szenen unserer Beziehung mit Gewalt aus der Verdrängung. Ich weinte viel. Ich trauerte, weil jede Erinnerung an ein gemeinsames Früher in einer Gegenwart passierte, in der mein Papa und ich uns schon so lange fremd waren. Das Erinnern tat weh, weil es die passenden Bilder zu einem in dem Moment empfundenen Verlust lieferte. Mit der Zeit hat sich meine Reaktion auf die Erinnerungen verändert. Sie schmerzen nicht mehr so, weil sie sich in diesem Text verselbständigen können.

Nach 629,9 Kilometern und knapp sieben Stunden Fahrt kommen wir in Freiburg an. Den Leberkässemmel-Fleischer von damals gibt's nicht mehr. Wir wandern durch die Stadt wie zwei Schlafwandler, seltsam ziellos und still, wir sind schüchtern miteinander. Keiner will etwas falsch machen oder etwas Falsches sagen. Wir benehmen uns, als hätten wir uns gerade erst kennengelernt. Und irgendwie stimmt das ja auch. So wie wir jetzt sind, kennen wir uns wirklich kaum.

Wir essen eine »Lange Rote«, eine Bratwurst mit Kräutern, auf dem Markt am Münster. Für einen Freitagmittag ist viel los in der Stadt. »Müssen die nicht arbeiten?«, fragt Papa mehr sich selbst als mich. Wir reden über das schlechte Gewissen, das Arbeitsethos, mit dem wir beide groß geworden sind. Und den uns derselbe Mann eingeimpft hat: Papa und ich hatten denselben Grundschullehrer, Herrn Bahners. Herr Bahners, ein großer, starker Mann mit schlohweißem Haar, war zeit seines Arbeitslebens bekannt für seine altertümlichen Erziehungsmethoden. Er war nicht nur besonders streng, er war auch gewalttätig. Nach den deutsch-russischen

Kindern in meiner Klasse, nach Alexander und Constantin, warf er mit einem dicken Schlüsselbund, wenn sie den Unterricht störten. Uns Mädchen klitzte er von hinten mit seiner Brille gegen den Kopf, wenn er uns tuscheln sah. Meinen Vater konnte er Mitte der Sechziger noch mit einem Rohrstock züchtigen. Mir blieb von ihm ein Eintrag in mein Poesiealbum. Am 7. März 1996 schrieb er: »Schaffen und Streben ist Gottes Gebot. Arbeit ist Leben, Nichtstun ist Tod!« Da war ich gerade achteinhalb. Papa und ich wuchsen also beide mit einem schlechten Gewissen auf, wenn wir vor dem Abend die Arbeit niederlegten, mehr als fünf Tage in den Urlaub fuhren oder auch nur Zeit für einen Kaffee in der Sonne hatten, für einen freien Freitag wie den heutigen in Freiburg. Papa setzt sich mittlerweile manchmal zwischen zwei Terminen in die Eisdiele, aber ein Dorf weiter, damit die Leute nicht erzählen, er habe nichts zu tun. Nach einer Viertelstunde will er weiter. Das Rumsitzen langweilt ihn.

Er zeigt mir das Hotel Oberkirchs Weinstuben, in dem seine Mutter und seine Oma 1977 abgestiegen sind, als sie ihn, den Jura-Studenten, das erste Mal besuchten, und erzählt, wie er dann »ein bisschen auf Heimweh gemacht« habe, damit »noch ein Fernseher dabei rausspringt«. Er lacht sein stummes Papa-Lachen, für das er den Hals lang macht, den Kopf auf die rechte Seite legt und den Blick auf seine Zahnlücke freigibt.

Auf dem Weg zurück zum Auto laufen wir an seiner ehemaligen Uni vorbei. Die Brutalität der sechziger Jahre steckt diesem Gebäude genauso in den Knochen wie meinem Vater: »Hier haben wir früher die Ketten der Linken durchbrochen«, erzählt er stolz. Ich kenne die Geschichte schon. Als Jugendliche fand ich sie nicht besonders cool. Viel lieber hätte ich einen dieser freiliebenden Hippies zum Vater gehabt, einen Kiffer oder wenigstens einen glühenden Willy-Brandt-Verehrer, der, wenn schon nicht auf der Straße, zumindest im Herzen ein Sozi war, auf jeden Fall keinen Streikbrecher. Aber mein Vater war kein Revoluzzer, jedenfalls nicht im politischen Sinne, er war ein junger Mann aus dem christdemokratischen Landkreis Vechta, in einer katholischen Studentenverbindung, von Hause aus konservativ und für heutige Verhältnisse »ziemlich verwöhnt«, wie er selbst sagt. Das Studentenleben meines Vaters hört sich in meinen Ohren an wie das, das Chuck Bass aus *Gossip Girl* geführt hätte, hätte er eine Uni besucht und nicht das väterliche Hotelgeschäft weitergeführt. Es gab Banketts, Bälle und Verbindungsfeste, Reden, Smokings und Silberbesteck. Die Studentenbude meines Vaters befand sich in einer alten Villa am Hang, mit Blick ins Tal und einem kleinen Turm für 300 Mark im Monat, exklusive der Verpflegung durch Frau Leib, die ihm täglich sagte, er solle doch nicht so den Berg hochrasen, sonst überfahre er eines Tages noch ihren Hund. Oder ihren Mann. Letzteren hatte ein Schlaganfall zum leichten Ziel gemacht. Seine Verbindung hatte das Haus 1911 einer eleganten Freiburger Frau abgekauft, die mit dem Geld ihre Auswanderung in die USA finanzieren wollte. Sie ging an Bord der Titanic.

Wie gut Papas Studentenleben in der Gelbgoldigkeit dieser süddeutschen Stadt gewesen sein muss, kann ich mir eigentlich erst jetzt, mit 29, richtig vorstellen und es auch als solches annehmen, ohne es zu klein, zu piefig, zu eng, zu langweilig zu finden. Wie mein Leben wohl verlaufen wäre, hätte ich keinen Studienplatz in Berlin bekommen? Wäre ich in eine mittelkleine deutsche Stadt wie Freiburg gezogen, ohne Coolnessdünkel und Hauptstadtarroganz? Ich fuhr in meinen Studentensommern samstags erst zum Frühstück in ein überfülltes Café, um dann am Schlachtenseeufer im Dreck zu sitzen, genervt von den Zehlendorfer Jugendlichen mit der Boombox, um sonntags nach dem Flohmarkt zu irgendeinem Open Air Rave in einer Industriebrache jenseits des Rings zu radeln.

Mein Papa hievte dreißig Jahre vorher mit seinen Freunden am Wochenende Tisch und Stühle in die Dreisam, um Karten zu spielen, oder sie fuhren nach einer durchtränkten Nacht in seinem Mini Cooper über die schweizerische Grenze und begrüßten den Tag am Rheinfall in Schaffhausen, mit Sektgläsern auf dem Silbertablett.

Wo hätte ich Ende der Siebziger gestanden? Am Rheinfall, mit der geerbten Perlenkette, die in meinem Schmuckkästchen liegt? Oder in selbstgestricktem Pulli und Minirock mit einer Zigarette in der Hand an einer Druckmaschine, um Flugblätter zu vervielfältigen? Ich weiß es nicht. Heute ist es leicht, linksliberal zu sein. Es geht weder mit Aktion noch mit Widerstand einher. Politisch absolut ungefährlich.

Hätte ich mich damals getraut, mich gegen meine Eltern zu wenden und ihre Werte in Frage zu stellen? Sie als Bonzen oder Nazis oder Spießer oder Wasweißich zu beschimpfen und womöglich nicht mehr nach Hause kommen zu dürfen? Heimatlos zu werden für das große Ganze? Wie auch einige meiner Verwandten es damals gemacht haben?

Meine Mutter hat irgendwann einmal zu mir gesagt: »Wir waren damals viel zu brav. Wir waren so angepasst. Völlig unkritisch. Nicht so politisch wie ihr heute.« Das hat mich überrascht, weil meine Generation als unpolitisch gilt. Was meine Mutter an mir so politisch fand, war vermutlich das Widerworte-Geben. Dass ich schon als Jugendliche meine Eltern genötigt habe, sich zumindest in meiner Anwesenheit politisch korrekt auszudrücken. Ohne Sprechverbote, aber eben auch ohne alltägliche Diskriminierungen. Wenn jemand in meiner Familie von »Negerküssen« sprach, habe ich einen Aufstand gemacht. Als meine Mutter und mein Vater jung waren, war so eine Art von Aufstand bei Tisch nicht vorgesehen. Oder: schon wieder nicht mehr vorgesehen. Meine Eltern stammen aus einer seltsamen Zwischengeneration. Mitte bis Ende der Fünfziger geboren, waren sie zu jung, um Nachkriegskinder zu sein und auch zu jung, um 1968 gegen den Muff dieser Zeit zu rebellieren. Sie sind Kinder des Kalten Krieges, Kinder des Stillhaltens. Als sie jugendlich waren, wurde an ihrem Gymnasium, das als rot galt, zwar gekifft, aber aus der Jugendbewegung der 68er war da längst eine politische Bewegung geworden und aus Teilen davon wiederum eine Terrorvereinigung. Sie wuchsen mit den Schwarz-Weiß-Bildern der RAF-Toten auf, mit den Steckbriefen und Geiselnahmen im eigenen Land, was alles Linke für sie verdarb. Ich wuchs mit den Bildern von 9/11 auf, mit den in Aschestaub gehüllten Menschen, die um ihr Leben rannten, den brennenden Türmen.

Was unsere beiden Generationen vereint, ist ihre Zwischenzeitlichkeit. Ich war für die großen Bewegungen – in meinem Fall die Nachwendezeit, Techno – zu jung. Ich wurde erwachsen mit dem Terror, mit dem Wissen, dass die Welt im Ausnahmezustand ist, was vielleicht ein gewisses Stillhalten mit sich bringt. Meinen Eltern hingegen zeigte der Mauerfall, dass das Unmögliche möglich ist, im Positiven. Für sie war damit erst mal alles erreicht. Für die Revolution waren andere auf die Straße gegangen. Nun ging es wieder ums Weitermachen. Meiner Generation zeigt gerade Donald Trump, dass das Unmögliche immer noch möglich ist, und zwar im Negativen. Und einfach so weitermachen ist für viele auf einmal keine Option mehr. Haben wir etwas aus dem Stillhalten unserer Eltern gelernt?

Der Tag blüht. Der blaue Dunst von Papas Zigaretten vermischt sich mit dem Rosa der Magnolienbäume. Wir verlassen Freiburg in Richtung Südschwarzwald. Berge. Ich weiß noch genau, wie fasziniert ich als norddeutsches Kind von den unbezwingbaren Felswänden der Höllenschlucht war. Die ganze Fahrt über hatte ich mich auf diesen Moment gefreut, das erste Mal mit dem Auto die Enge der Schlucht zu durchdringen. Als Belohnung thronte der Hirsch auf dem Sprung. Er thront dort noch immer. Die Berge beengen mich aber auch. Als ich in München gelebt habe, habe ich die Weite des Nordens vermisst. Den Horizont. Selbst auf der Spitze des Berges, ganz oben, kann man immer nur bis zum nächsten Gipfel sehen. Vielleicht ist das der größte Unterschied zwischen Nord- und Süddeutschen, dass Berge und Täler den einen Geborgenheit stiften und die anderen begrenzen.

Wir sind da: Der Schotter knirscht unter den Reifen von Papas SUV, Tür auf, Tür zu, durchatmen, Kohlmeise, Amsel, Buchfink, Eichelhäher und Sperling schreien sich regelrecht an. Berghaus – sieht alles noch so aus wie früher. Den Querbalken vor den Toilettentüren ziert noch immer ein Spruch von Horaz: *Ille terrarum mihi praeter omnes angulus ridet.* Lacht mir doch kein Winkel der Welt wie dieser. Nur die Wirtschafterin ist neu und der Schafstall leer, und ich muss beim Betreten des Gastraums auf einmal meinen Kopf einziehen.

Wir stellen unsere Koffer in Zimmer 10 ab, Eichenschrank, Eichensekretär, zwei zusammenstehende Einzelbetten aus

Eiche, Eichenstuhl, Eichenkommode, an den Wänden Zeichnungen aus dem Biologielehrbuch von Waldkresse, Wiesenschaumkraut, Echtem Steinklee, Silberwurz, Nickendem Milchstern und Frauenschuh. Ich nehme das Bett unter dem Frauenschuh. Papa das unter dem Echten Steinklee. Wir schauen uns um, dann schauen wir uns an. Und seit wir losgefahren sind, schauen wir uns in diesem Moment eigentlich das erste Mal richtig in die Augen. Nach neun gemeinsamen Stunden. Ich sage: »Dass wir beide hier noch mal zusammen hinkommen!« Ich nehme ihn in den Arm. Ich frage mich, warum ich überhaupt so enttäuscht von ihm bin.

5

Bis zur Pubertät war ich ein Papakind, ein »Daddy's Girl«. »Came into this world, Daddy's little girl, Daddy made a soldier out of me«, singt Beyoncé auf ihrem Album *Lemonade*. Ich bin keine Synästhetin, aber in meinem Kopf klingt dieser Country-Blues-Banjo-Song gelb und braun und rot, staubig und nach dreckigen Fingernägeln. Er erinnert mich an meine Kindheit und an die Western-Romane, die mein Vater rauchend auf der Toilette liest. Die mit Sätzen beginnen wie »Es geschah in der Mittagssonne. Der gleißende Feuerball am Himmel schleuderte eine mörderische Glut auf das Land. Kein Lüftchen regte sich. Wabernd stand die Hitze zwischen den graubraunen Häusern der Westernstadt Tobeka.« Denke ich an meine Kindheit in 49439 Steinfeld, scheint fast immer die Sonne, obwohl es ziemlich viel geregnet haben muss. Und ich sehe meinen Vater in diesem gelb-braun-roten Licht. Die Oberarme auf den Weidezaun gelehnt. Am Handy.

Mein Vater ist kein Cowboy, er ist selbstständiger Kaufmann. Er arbeitet viel, aber flexibel. Als Kind habe ich seinen Beruf nicht verstanden. Die Väter meiner Freundinnen verließen entweder morgens früh das Haus, fuhren in ein Büro zu ihren Kollegen, kamen abends wieder und durften auch dann nicht gestört werden. Oder sie arbeiteten nachts, als Bäcker oder in der Fabrik, schliefen tagsüber und meckerten, wenn wir den Tennisball gegen ihr Garagentor schlugen. Mein

Vater hatte auch ein Büro, er nannte es Kontor, aber das musste er sich mit niemandem teilen, er hatte keine Kollegen und die meiste Zeit war er im Auto unterwegs. Erst im »weißen Elefanten«, einem weißen Kombi, auf dem Beifahrersitz ein Koffer, der ein Telefon war, danach in schwarzen Kombis mit Telefonen in der Mittelkonsole und Ledersitzen, die einem im Sommer die Oberschenkel versengten.

Sein Beruf lebt vom Schnacken. Erst vor Kurzem ist mir aufgefallen, dass wir im Grunde das Gleiche tun: auf Leute zugehen und immer auf dem neuesten Stand sein. Nur kommen bei mir keine Kaufverträge, sondern Texte heraus. Er war auch immer Freiberufler. Genau wie ich. Und so wie ich an Wochenenden und auf Reisen am Computer oder Handy hänge, saß er früher im Urlaub mit einem schlagstockgroßen Nokia auf der Hotelterrasse, während wir mit Mama am Strand oder im Schwimmbad tobten. Im Alltag konnte er sich die Zeit dafür freier einteilen als andere Väter.

Er fütterte vormittags und abends Hund, Katzen, Pferde. Jedes Mal, wenn er mit dem Auto an unserem Grundstück vorbeifuhr, wieherten die Ponys beim Geräusch seines Dieselmotors. Manchmal parkte er dann, ruckzackzuck, rückwärts durch die Birken und Büsche in den Teil unseres Gartens ein, den wir Wildnis nennen und wo die Pferde standen, stieg aus und brachte sie auf die Wiese. Zwischen zwei Terminen. Oder holte mich ab, damit ich mit ihm zum Bauern fuhr, um Heu zu holen.

Eine der zwei Fuchsstuten, Mae, die ich nach der Figur von Madonna in dem Baseball-Film *Eine Klasse für sich* nannte, weil Papa und ich den Film gemeinsam im Fernsehen gesehen hatten, muss als Fohlen schlecht behandelt worden sein. Sie scheute leicht, war ängstlich und biss zu, wenn sie sich bedroht fühlte. Ihr Kopf war ein bisschen zu groß für ihren schlanken Körper, und weil sie meist in Panik war, riss sie ihn oft in den Nacken – tat also genau das Gegenteil von dem, was ein gut trainiertes Reitpferd tun sollte: den Hals rund machen.

Mae hatte eine schmale Blesse und ihre Stallnachbarin Kit, auch nach einer Figur aus dem Film benannt, eine Flocke auf der Stirn. Kit war energisch, aber gut zu führen. Mae wurde schon nervös, wenn sie aus dem Stall sollte. Sie hasste es, irgendwo durchzugehen, durch Wiesengatter, Stalltüren, Reithallentore.

Wenn Papa mich zur Reitstunde fuhr, nahmen wir beide Stuten mit, weil die eine nicht ohne die andere sein konnte. Das hieß, ich hatte zwei Ponys am Strick, Kit links, Mae rechts, weil ich im rechten Arm mehr Kraft hatte und sie beim Reinführen einen großen Satz nach vorn machen würde, weshalb Papa von hinten »ACHTUNG!« rief, bevor ich mit den beiden in die Halle kam. Genervte Blicke. Die anderen Mädchen aus dem Reitverein hatten nicht so schlecht erzogene Pferde, und meine nervöse Fuchsstute machte ihre Ponys nervös. Wir brachten alles durcheinander. Immer wieder übte Papa deshalb mit mir, wie man die beiden sicher auf den Pferdeanhänger führt, er zeigte mir, wie man sie zu zweit über die Straße zur Wiese bringt – er machte Mae schon kurz vorm Weidezaun vom Strick los, sodass sie einfach über die Stangen springen und davonrennen konnte.

Er lehrte mich durch die Pferde – den beiden waren schon fünf andere, Silver, Black, Max, Hänschen, Fred, vorausgegangen –, wie man einem Tier Autorität und damit Sicherheit durch physische Präsenz vermittelt, ohne es zu schlagen, am Strick zu reißen oder zu bestrafen. Er brachte mir bei, vorsichtig zu sein und geduldig und Nachsicht zu haben mit diesen Fluchttieren, die wir Menschen uns untertan gemacht hatten, die wir aber nie wirklich beherrschen können, weil sie immer größer, stärker, mächtiger bleiben als wir. So wie im Umgang mit Menschen, geht es auch mit Pferden immer um Vertrauen. Auf beiden Seiten.

Und er brachte mir bei, aus dem was zu machen, was mir zur Verfügung stand. Denn während ich mich mit diesen wilden, strubbeligen Gäulen vom Viehhändler aus Langenteilen rumschlug, stellten die Väter meiner Reitfreundinnen ihren Töchtern in dicke Decken gehüllte, glänzende Rappen in die Reitställe. Dafür und deshalb war jede Goldmedaille, die ich gewann, doppelt so viel wert. Weil ich meine Pferde mit der Hilfe meines Vaters und meiner Reitlehrer selbst zum Sieg geritten hatte, ihnen eigenhändig und in langen Übungsstunden beigebracht hatte, rückwärts zu gehen, aus dem Stand anzugaloppieren oder zu traversieren. Zusammen haben wir aus fahrigen Nichtskönnern mit schlechten Genen und ohne Stammbaum Turnierpferde gemacht. Wenn ich heute daran denke, mit wie viel Stolz mein Vater mich nach einer der Siegerehrungen in diesem schummrigen Stalllicht, in dem der Heustaub tanzte, vom Pferd runter umarmte, lächele ich immer noch.

–

Zur Zeit meiner Kindheit folgte die Welt in unserem Dorf noch einer anderen Ordnung als heute. Oder besser: Man konnte eine frühere Ordnung erahnen. Und zwar die, in der mein Vater aufgewachsen ist. Ich bin im selben Haus und im selben Garten groß geworden wie er. Mit denselben Verstecken, Kletterbäumen und Schleichwegen wie dem Pätgen, einem Schotterweg, der am Haus unserer Nachbarn vorbei ins Dorf führt und an dessen Wegesrand Ilex-Sträucher wachsen, an denen man mit dem Pullover hängen bleibt, wenn man nicht aufpasst. Mit denselben Nachbarn und Geschäften. Ein paar der Nachbarn und ihre Nachfahren leben noch, von den Geschäften ist nicht mehr viel übrig, im Dorfkern gähnt unter der Woche die Leere.

Als ich ein Kind war, gab es noch ein Dorfleben. Die Marktleute bauten dienstags und freitags ihre Stände auf, mit frischem Fisch, Käse, Radieschen und Kohlköpfen. Der Metzger an der Ecke schlachtete noch selbst. Hin und wieder wurde an seiner Hintertür sogar ein altes Pferd ausgeladen.

Wer heute etwas besorgen muss, steigt nicht mehr aufs Rad und fährt kurz ins Dorf, sondern mit dem Geländewagen auf die betonierten Wiesen an der B214, die von Lidl-, Kik-, Aldi-, Edeka- und Rossmann-Zweckbauten gesäumt sind. Ob das Dorfleben zu meinen Kindertagen pulsierte, weiß ich nicht. Wahrscheinlich pulsierte es schon viel weniger als zu den Zeiten, als mein Vater noch ein Junge war. Aber ich spürte ein stetes, langsames Puckern, eines, das einem Kind Freiheiten lässt, die keine größere Stadt zu bieten hat. Jedenfalls nicht in Deutschland.

In Japan gibt es eine Fernsehshow mit dem Namen *Hajimete no Otsukai*, »Meine erste Besorgung«. Die Sendung begleitet vierjährige Kinder bei ihren ersten eigenständigen Einkäufen in ihrer Tokioer Nachbarschaft. Was in Berlin undenkbar wäre, ist in Tokio Normalität: Die Kinder bekommen einen Einkaufszettel und machen sich ohne Mama und Papa auf den Weg in den nächstgelegenen Laden, ängstlich, aber getrieben von Neugier und getragen von dem Selbstbewusstsein, das einem in diesem Alter nur wenige so schenken können wie die eigenen Eltern – mit zwei kleinen Sätzen: Wir glauben an dich. Du machst das schon.

Ähnlich lief es bei uns. Mama oder Papa schickten mich los mit dem Auftrag, zwei Tüten Milch, 100 Gramm Papawurst (Salami), sieben Brötchen, Buntstifte oder Schleifpapier zu holen, und ich machte mich mit meinem Tick-Trick-und-Track-Fahrrad auf den Weg.

Zur Schlachterei Schröder, wo es eine Scheibe Kinderwurst auf die Hand gab, zu Steffens, so der Spitzname der Bäckersfamilie, wo mir die Tochter des Chefs eine Milchschnitte zusteckte, zu Frau Braun in den Schreibwarenhandel, in dem ich Stunden verbrachte, um mir Stifte und Hefte auszusuchen oder an den Duftstickern zu schnuppern. Von meinem Taschengeld kaufte ich immer Bananen.

Mein erstes Fahrrad war eine Unabhängigkeitserklärung. »Mareike ist d. u.«, hieß es bis in meine Teenagerjahre. Das war die Abkürzung für »dauernd unterwegs«. Als ich es geschenkt bekam, war das Rad so groß und ich so klein, dass meine Füße den Boden nicht berührten, wenn ich auf dem Sattel saß. Ohne Stützräder konnte ich nicht alleine absteigen, also fuhr ich auf unseren Rasen und sprang ab, wenn Mama zum Abendessen rief. Sie konnte so laut rufen – im Notfall pfiff sie –, dass ich sie auf dem Spielplatz hörte. Oder auf dem kleinen Kartoffelacker hinter dem Haus meiner Nachbarinnen Anna und Lena. Oder im Kuhstall unseres anderen Nachbarn, der mir jeden Morgen vorm Kindergarten die Milch direkt aus dem Euter in meine Trinkflasche molk.

Jeder Ausflug war Abenteuer und Lektion zugleich. Bis

Mama eines Sommerabends gegen 22 Uhr vom Sport kam. Sie fuhr wie immer durchs Dorf, vorbei an Kirche und Marktplatz, als sie kurz vor der Kreuzung zu unserem Haus ein blondes Kind die Straße überqueren sah. Es hatte die eine Hand am Fahrradlenker, in der anderen hielt es eine Waffel mit Eis. »Wer zum Teufel lässt denn so spät noch sein Kind alleine auf die Straße?«, dachte sie erst und erkannte dann, dass ich es war, die Eis und Lenker balancierte. Papa war vorm Fernseher auf dem Sofa eingeschlafen und ich fünf Jahre alt und vanilleeishungrig. Danach bemühten Mama und Papa sich eine Zeitlang, die Türen besser zu verschließen. Manchmal scherzten sie, dass sie uns bald eine Leine besorgen würden.

Es gibt ein Foto, auf dem Mama versucht, meinen Bruder und mich mal für ein paar Minuten ruhig auf der Arbeitsfläche unserer Küche zu parken. Sie hat den Kopf in die Hände gestützt, ihre kurzen blonden Haare ragen zwischen ihren Fingern hervor wie die Zacken einer Krone. Wir grinsen. In einem Haus mit sieben Türen ins Freie war ihr Einhegungsversuch zum Scheitern verurteilt. Sie gab auf. Hauptsache, wir waren um halb sieben, zum Abendessen, wieder zuhause.

Es heißt, man brauche ein Dorf, um ein Kind zu erziehen. Ich weiß nicht, ob das stimmt. Ich schätze, es geht auch mit weniger Leuten. Aber wie jeder Ort hatte auch der meiner Kindheit in einem westdeutschen Dorf, mit Backsteinkirche, Nachkriegsklinker und großen Bauernhöfen drum herum, sein ganz eigenes Personal.

Da war der Friseur Vatterott, genannt Nasser, der ein Toupet trug. Stiener Jupp, der Nachbar mit der Kuh, der mir beibrachte, wie man richtig Leute guckt. Nachmittagelang saßen wir mit seinem Rauhaardackel Axel und seinem Vater, der mir Lieder aus dem Ersten Weltkrieg vorsang, auf der Bank vor ihrem Haus und warteten, bis jemand vorbeifuhr. Meist kam keiner. Die Zwillinge aus der Bergbausiedlung, die immer »Tiger Nieberding« riefen, wenn sie mich sahen, weil ich ihnen manchmal im Freibad hinterherjagte, um ihnen den Rücken zu zerkratzen, wenn sie mich geärgert hatten.

Da gab es Möllms Thea, eine Frau in Kittelschürze und mit Warze auf der Nase. Sie führte einen Krämerladen. Wenn man über die Schwelle trat, war man wieder im Steinfeld der fünfziger Jahre, jedenfalls sah es in meiner Kindheit dort so aus, wie ich mir die Fünfziger vorstellte. Es roch auch so. Dafür kostete die Kugel Eis nur 20 Pfennig. Uns Kindern flößte Möllms Thea Angst ein, also machten wir eine Mutprobe draus, einmal eine Runde durch ihren Laden zu rennen und wieder raus, sodass die Klingel an der Tür zweimal heftig schellte und sie umsonst nach vorne kommen musste. Sie ging wieder nach hinten, und das Ganze ging von vorne los. Bis sie mit einem Teppichklopfer in der Tür stand.

Da war Puma, der eigentlich Herr Jürgens hieß und bis heute ein Sportgeschäft an der Großen Straße betreibt. Aus den turmhohen Holzschränken seines Lagerraums zog er immer noch eine Mädchenhandballhose aus den Siebzigern hervor – die waren angesagt, als ich in der D-Jugend spielte.

Da war Clemi, der Kneipier, von dem ich lernte, was Sarkasmus ist, dass Männer auch mal traurig sind und wie man Bier zapft. Hatten meine Freundinnen und ich ihm an geschäftigen Sonntagen ein bisschen Arbeit abgenommen, beim Servieren geholfen, Gläser gespült, bekamen wir zur Belohnung eine Regina mit Schaum – rote Orangenlimonade mit Bierkrone.

Dann gab es Ulla, die Blumenhändlerin. Sie ist eine der vier besten Freundinnen meiner Mutter. Einmal, als ich kurz nach dem Abi auf dem Weg zu meinem Sommerjob (Kaffeekochen bei 35 Grad und defekter Klimaanlage in der Lavazza-Bar des Brückenrestaurants, einer Autobahnraststätte) an der großen Kreuzung mit dem Motorroller liegenblieb, fuhr Ulla zufällig vorbei. Ich heulte, weil ich spät dran war und nicht wusste, wie ich das Ding wieder in Bewegung setzen sollte. Außerdem bekam ich vom geborgten Helm Ausschlag im Gesicht. Sie sah mich, hielt an, stieg aus und gab mir eine Backpfeife: »Nu stell di nich so an. Seih tau dat du dat Ding vanne Stroaten krichst un ab no dee Arbeit.« Dann knuffte sie mir in den Arm. Das war sehr nett gemeint. Auch wenn ich das damals nicht verstand. Der Lockenkopf wild, rollt einem ihre Herzlichkeit mit so viel Schwung entgegen, wie das Plattdeutsch von ihrer Zunge rollt. Dank ihr riecht meine Kindheit nicht nur nach Pferdemist und Handballkabinen, sondern auch nach den angeschnittenen Blumen in ihrem Laden.

Und dann gab es in unserem Dorf noch »die Firma«. Die Modekette Trend-Line, betrieben von einer anderen besten Freundin meiner Mutter und ihrem Mann. Die beiden arbeiteten viel, deshalb regierten bei ihnen im Haus ihre drei Töchter. Eine davon war meine Freundin Tini. Das Regiment der drei Schwestern bedeutete: Fritteuse und Fernseher an, VH1, Viva oder MTV gucken und mit den Fingern Pommes aus einer pinkfarbenen Plastikschüssel essen. Dazu kam: der Neufundländer Henry, ein Pferdestall mit bestimmt zehn Ponys und ein vollverspiegelter, begehbarer Kleiderschrank, der Tinis Mutter gehörte. Darin: Paillettenjacken, Samtroben, Ledermäntel, Perlenketten, Sonnenbrillen, breite Gürtel, die wir als Röcke tragen konnten, Nietenkorsagen, einfach alles, was Madonna-, Spice-Girls- und Kelly-Family-Fans Mitte der Neunziger begehrten. Reichte uns das nicht, fuhren wir in »die Firma«, sortierten Knöpfe in der Produktionshalle, etikettierten Ware, die nach Jever oder Norderney ging, krochen unter den Schnitttischen der Designer hindurch und verkleideten uns im Archiv. Eine einzige Miniplaybackshow.

Natürlich war meine Kindheit nicht nur Licht.

Ich habe mir Dinge vorzuwerfen:

Als Kleinkind schmiss ich mich im Spielzeugladen auf die Knie, wenn ich meinen Willen nicht bekam, schrie und schlug meinen Kopf auf den Boden, bis Mama, Papa oder Oma mir gaben, was ich wollte, oder mich davonzogen. Als eine freundliche Verkäuferin mir mal eine Puppe zeigte, brüllte ich: »Ich will keine Puppe. Ich will ein Güllefass!« Für meinen Tret-Trecker. Ich bekam eins.

Ich trat meinen Brüdern zwischen die Beine, wenn der Jähzorn von mir Besitz ergriff – noch zu klein, um zu wissen, was da alles mitschwingt, aber alt genug, um zu wissen, wie weh ich ihnen damit tat.

Ich schleppte den Kleinsten mal an den Riemen seiner Lederhose die Steintreppe hoch. Die Riemen rissen, sein Kopf schlug auf eine Stufe. Blut floss.

Ich zog meinem dicken Mitschüler Marcel mitten auf dem Pausenhof seine gemusterte Sporthose runter. Zum Spaß. Ich ließ erst los, als seine weiße Unterhose zu sehen war.

Und dann war da meine ehemalige Klassenkameradin Valentina, die eines Nachmittags unangemeldet vor unserer Haustür stand. Ich muss elf gewesen sein. Sie suchte jemanden zum Spielen. Sie hatte einen schweren Fahrradunfall gehabt, als wir in der 4. Klasse waren, toter Winkel, LKW, zehn Meter durch die Luft geflogen, und war nun wieder gesund, aber eben anders gesund als früher. Sie redete langsam, zog ihr rechtes Bein nach, sie sah komisch aus, nicht entstellt, aber als wäre in ihrem Gesicht etwas aus der Balance geraten. Ich mochte sie, aber als sie da so vor der Tür stand, erfand ich eine Ausrede: neue Schule, Gymnasium, so viele Hausaufgaben, neue Freunde. Ich schickte sie weg. Sie fragte nicht noch mal. Sie guckte mir direkt in die Augen. Ihr linker Mundwinkel zuckte. Etwas zerbrach. Ich schäme mich noch immer. Wenn ich an ihren Blick denke, an die Enttäuschung, die sich auf einmal zwischen uns befand wie ein riesiger Airbag, der sich immer weiter aufbläht, so weit, dass er dir erst den Brustkorb eindrückt und dann die Luft abschneidet.

So grausam ich manchmal zu den anderen Kindern war, so grausam waren sie auch zu mir.

Irgendwann war jeder mal dran:

Eines Tages beschimpfte Karl-Bernd mich im Schulbus als »Plattnase«. Er saß hinten im Fünfer. Ich mit dem Rücken zu ihm zwei Plätze weiter vorne im Vierer. Ich tat so, als würde ich ihn nicht hören, rollte nur in Richtung meiner Freundinnen mit den Augen. Auf dem Weg nach Hause riss ich weinend von jedem Busch am Wegrand ein paar Blätter ab und köpfte eine Rose.

Ich habe getrauert:

Uroma starb. Meine Cousine und ich durften nicht mit auf die Beerdigung, wir schlichen uns trotzdem auf den Friedhof, in die Alpenrosen vom Grab nebenan, um aus der Deckung zuzuschauen. Meine Cousine trug einen pinkfarbenen Mantel. Jeder konnte uns sehen.

Onkel Karl starb, Omas großer Bruder, der nach Opas Tod so was wie Papas Ersatzvater war und unser Ersatzopa. Er wohnte am anderen Ende des Dorfs, in einem riesigen Haus, trotzdem saß er immer im kleinsten Raum, in einem roten Chesterfield-Sessel, guckte Radsport und rauchte Zigarre. Wenn wir kamen, holten wir uns gelbe Sinalco, Malzbier oder Iso-Sport aus dem Keller. Im Esszimmerbuffet, mittlere Tür rechts, lagerten Kau-Bonbons für uns Kinder und eine Schachtel Mon Chérie, die wir Mama mitbringen sollten. In der Küche saß Mia, seine Haushälterin, die uns Schwarzbrot mit Blutwurst belegte. Als Onkel Karl starb, war ich 15 und weinte das erste Mal um jemand anderen als um mich selbst.

Ich musste lernen, Abschied zu nehmen. Auch von den Tieren, die meine Kindheit begleiteten:

Unser Hund Trenk wurde vom Auto überfahren. Sein Nachfolger Trenk bekam seinen Jagdtrieb nicht in den Griff und riss die Schafe unseres Nachbarn, einmal auch einen Puter, den er durch ein kleines Loch im Zaun hinter sich herzog und meinem Vater stolz vor die Füße legte. Jahre später fanden wir das Tier steif in seinem Zwinger, und Papa begrub ihn ganz hinten links im Garten, hinter dem Ranunkelstrauch.

Wenn ich mich falsch verhalten hatte, wenn ich geärgert wurde, als erst Trenk, dann Uroma, dann Onkel Karl und schließlich der andere Trenk starben, in all diesen Momenten war nicht nur Mama, sondern auch Papa für mich da. Er war keiner dieser Väter, der die Kinder zur Mutter schickt, wenn's heikel oder persönlich wird. Das hat vermutlich auch mit den Jahren zu tun, in denen Mama abends arbeitete und Papa uns ins Bett bringen musste. Ich war vielleicht vier oder fünf und mein Bruder drei Jahre jünger, wir waren Kleinkinder. Jeden Abend leitete Papa das Zu-Bett-Bringen mit denselben Worten ein: »Wer hat Lust auf Federballspielen?« Diese Stunden der Fürsorge, das Wickeln, Baden, Lesen, Ins-Bett-Bringen, die körperliche Kommunikation, gelten in der Psychologie als elementar für die Entwicklung einer Vater-Tochter-Beziehung, die nicht nur auf Spiel und Leistung basiert, sondern auf Vertrauen und Nähe. Indem Papa genauso wie Mama ein selbstverständlicher Teil unseres Kinderalltags war, habe ich seine Nähe nie als etwas Fremdes empfunden. Physische Barrieren, die ein vertrauensvolles Verhältnis im Alter verhindern, konnten sich erst gar nicht aufbauen. Männlichkeit und Geborgenheit standen für mich nie in einem Widerspruch zueinander.

Ich konnte immer zu ihm kommen. Er hat mich nie weggeschickt. Ich weiß noch, wie ich ihm in der Küche mal mein Leid klagte, über das Leben im Allgemeinen und die Schule im Besonderen. Er schenkte sich gerade eine Tasse Kaffee ein, als er sagte: »Mareike, egal, was auch passiert, du kannst dir sicher sein: Morgen ist ein neuer Tag.« Papas gnadenloser Optimismus hat mich durch meine Kindheit getragen wie der fliegende Teppich Aladdin und Jasmin auf Super RTL in Richtung Sonnenuntergang. Ich verstehe bis heute nicht, wie er das schafft: Jeden Tag mit einem Lächeln zu begrüßen, gute Laune nicht als Ausnahme, sondern als Regel zu verstehen.

Eine Sache konnte ich ihm trotzdem lange nicht verzeihen: Wenn ein gutes Geschäft zu machen war, machte mein Papa es. Nachdem wir Kit und Mae gekauft hatten, reichte der Platz im Stall nicht mehr für mein Pony Fred. Einen Schimmel, der sich mit Vorliebe in Pfützen, Matsch und Pferdeäpfeln wälzte. Und eines Abends, als ich vom Handballtraining nach Hause kam, war Fred einfach weg. Nicht im Stall, nicht auf der Wiese. Verkauft. Mein Vater sagte: »Du kümmerst dich ja doch lieber um deine Freundinnen als um Fred.« Er hatte Recht. Im Recht war er deshalb noch lange nicht. Ich war dreizehn. Alt genug und doch zu jung, um diese Vernunftentscheidung einfach so stehenzulassen. Ich fühlte mich übergangen. Fred war wichtig für mich. Wenn ich mich alleine fühlte oder was zu besprechen hatte, von dem keiner wissen sollte, ging ich in den Pferdestall, legte mich auf Freds Rücken und erzählte ihm alles. Mit ihm wurde auch ein Teil meiner Kindheit abtransportiert. Ohne dass ich mich verabschieden durfte.

–

Eltern erfinden ihre Kinder. In jedem Namen steckt eine Hoffnung, eine Idee für den Menschen, der aus dem Neugeborenen werden soll. Namen sind Zukunft, Vergangenheit, konstruierte Gegenwart. Ich heiße Mareike Sabine Nieberding. Ich bin die erste Mareike in unserer Familie und die einzige Mareike Nieberding. Mareike kommt von Maria. Es heißt »die Schöne«, das weiß ich aber noch nicht lange. Mareike heißt nämlich auch »die Widerspenstige«, und mit dieser Deutung bin ich groß geworden. Sie habe ich mir zu eigen gemacht.

Sabine ist der Name meiner Mutter. Dass sie mir ihren eigenen Rufnamen als Zweitnamen gab und nicht etwa die Namen meiner Großmütter oder Vorfahrinnen, erzählt viel über sie und über ihr Selbstverständnis.

Der Nachname Nieberding ist in unserer Gegend weit verbreitet. Der Stammbaum lässt sich bis ins 15. Jahrhundert zurückverfolgen. Im Landkreis Vechta gibt es Nieberdingstraßen. Eine Chronik aus dem Jahr 1996 von 492 Seiten steht im Bücherregal im Wohnzimmer neben *Vor und nach der Jägerprüfung*. Einer unserer Vorfahren war Beamter beim Reichskanzler Bismarck und hat am BGB mitgearbeitet. Ein anderer war Mitglied der Freimaurer-Loge »Zum goldenen Hirsch« und ab 1849 Abgeordneter im oldenburgischen Landtag. Einer hat eine lateinische Grammatik verfasst. Und das ist nur die Seite meines Vaters. Mütterlicherseits ist der Stolz auf die Vorfahren genauso groß. In meiner Familie ist Stolz nichts Anstößiges.

Auch wenn ich so erzogen wurde, habe ich selbst nie so richtig verstanden, wie das geht, stolz auf etwas zu sein, was Menschen, die ich nicht kenne, geschafft haben. Was habe ich mit den Menschen in all den Fotoalben zu tun, die nie jemand anschaut? Mit diesen streng dreinblickenden, schwarzweißen Gestalten, die lange vor meiner Geburt gestorben sind und mir trotzdem irgendwie ähnlich sehen?

Mein Urgroßvater hat als Oberstabsarzt im Ersten Weltkrieg Tagebuch geschrieben. Die gesamten vier Jahre über. Für mich liest sich der Text wie jeder andere Kriegsbericht, gleichzeitig hat er etwas mit mir zu tun, steckt etwas von diesem Mann auch in mir, der da hoch zu Ross durch Frankreich galoppiert ist, Menschen hat verrecken, verbrennen, sterben sehen und manchmal im Offizierskasino Skat gespielt hat. Um diesen kahlköpfigen Mann mit dem großen Hut und dem langen Mantel als einen Teil meiner selbst zu erkennen, muss man Familie vielleicht wirklich als ein Generationenprojekt sehen. Als ein Jahrhunderte und Kontinente umspannendes Geflecht von Menschen, ihren Ängsten, Taten, Gelüsten, Errungenschaften und Verfehlungen. So versteht mein Vater Familie. So kann ein Name auch eine Aufforderung sein. Ich wurde also gleich dreimal erfunden, als Mareike, als Mareike Sabine, als geborene Nieberding.

Dafür kann man meinen Vornamen nicht abkürzen. Ich hatte viele Spitznamen, aber keiner verfing. Eine Zeitlang nannten mich meine Freundinnen Flitzi, weil meine Eltern mir eigentlich den Namen Felicitas geben wollten und ich schnell rennen konnte. In der Jugend riefen meine Mitschülerinnen mich manchmal Mari, mit Betonung auf der ersten Silbe. Die Jungs im Schwimmbad schrien »Tiger Nieberding«. Meine Mama sagt bis heute hin und wieder Marie. Für meinen Papa war ich Molly Malone.

In dem Kinofilm *Moonlight* geht es um den Jungen Chiron, den in der Schule alle Little nennen. Es gibt zwei bedeutsame Strandszenen. In der ersten erklärt der Drogendealer Juan seinem Schützling Chiron, dass eine alte Frau ihn mal Blue getauft habe, weil seine schwarze Haut im Mondlicht blau aussähe. Chiron fragt: »Also ist dein Name Blue?« Juan sagt: »Nein. Lass dir nie von jemandem sagen, wie du heißt.«

In der zweiten Strandszene sitzt Chiron als Teenager mit seinem Schulkameraden Kevin, der ihn Black nennt, nachts am Meer. Die beiden kiffen. Chiron fragt ihn: »Wieso nennst du mich Black?« Kevin antwortet: »Ich weiß nicht, das ist einfach mein Name für dich.« Chiron: »Wie kommst du dazu, anderen Leuten einfach Namen zu geben?« Sie lachen. Sie knutschen. Kevin holt Chiron einen runter. Jahre später, nach Schulabbruch und Jugendknast, macht Chiron unter dem Namen Black als Drogendealer Karriere. Sein Leben lang hat er sich von anderen erfinden lassen, von seiner Mutter, seinen Mitschülern, von Kevin – dessen Version hat er sich angeeignet. Weil er es nicht geschafft hat, den Namen, den seine Mutter ihm gab, mit seinem eigenen Leben zu füllen. Er hat ein Stellvertreterleben geführt.

Als Kind habe ich mir immer einen richtigen Spitznamen gewünscht. Was Kurzes mit i. So wie meine Brüder, Maxi und Conzi. Heute bin ich froh, dass ich keinen hatte und bis heute nicht habe. Dass ich einfach Mareike sein kann, ohne ein i, das klein macht. Mein Name klang schon erwachsen, als ich noch ein Mädchen war. Ich musste mir die Frau, die in meinem Namen steckt, nicht erkämpfen. Schreibe ich nun über meine Kindheit, schreibe ich über die Mareike, die sich nach dem kleinen i sehnt. Danach, dass jemand anderes sich die Mühe macht, sie zu erfinden.

Die Gefahr, mich im Nachhinein zu einer anderen Mareike zu machen, ist groß. Wie sollen 30 Jahre auf 200 Seiten passen? Erzählen ist Verdichten. Erzählen ist Verschweigen. Ist Entscheiden. Vladimir Nabokov prägte den Ausspruch: »Erinnerung, sprich!« Als hätte sie einen eigenen Kopf und könnte unabhängig drauflos erinnern. Manchmal denke ich, dass die Erinnerung tatsächlich ein Eigenleben führt. Schließlich kommt sie einem so oft in die Quere, stellt sich doof an, spielt einem Streiche, verdrängt Existenzielles, kommt in unpassenden Momenten hereinspaziert.

Die amerikanische Autorin Mary Karr hat über das Schreiben autobiografischer Geschichten befunden: »In Memoirs ist das Herz das Gehirn.« Sie meint damit, dass jeder Autor, der aus sich selbst schöpft, auch mit den Versionen seiner selbst konfrontiert ist, die daran arbeiten, das wahre Selbst vor dem schreibenden Selbst zu verbergen. Diese Versionen versuchen die Erinnerungen, zumal die unangenehmen und schmerzhaften, zum Schweigen zu bringen, weil die Wahrheit, das, was man nur selbst über sich wissen kann, verdammt beängstigend ist. Unbehaglich. Nicht vorzeigbar. Weil jede Wahrheit dazu in der Lage ist, sich selbst oder die Menschen, die man liebt, in ein schlechtes Licht zu rücken. Sich und sie angreifbar zu machen.

Sollte man deshalb für immer Kulissen schieben? Ich habe aufgehört, darauf zu hoffen, dass jemand anderes sich die Mühe macht, mich zu erfinden. Mein Leben hier festzuhalten, ist für mich deshalb ein bisschen so, als würde ich mir meinen eigenen Namen noch mal neu erschreiben.

–

Meine Kindheit auf dem Land steckt mir in den Knochen. Das merke ich, je näher ich selbst dem Kinderkriegen komme. Ich bin um die dreißig, in meinem Freundeskreis gibt es den ersten Nachwuchs, meine Freundinnen aus Kindertagen, Jugendzeiten und Studienjahren werden Mütter: Sie sind Logistik-Unternehmerinnen, die ihre Einjährigen morgens im Stechschritt zur Kita fahren, Kinderwagen in Busse wuchten und die Dreijährigen um die Hundescheiße manövrieren, als wäre ihr Alltag eine lang einstudierte Choreografie. Sie sind Freizeitgestalterinnen, die ihre Samstage in den Wohnküchen fremder Eltern verbringen, weil ihre Kinder ein Playdate haben, oder auf den Spielplätzen von Kreuzkölln hocken, inmitten von Kippen und Sperrmüllbergen, die nie jemand abholen wird. Sie sind Augenüberallmütter und Augenüberallväter. Ich werde vermutlich genauso werden, das Kind immer auf Armlänge und jederzeit im Blick. Weil ich mich nicht dazu werde durchringen können, mein eigenes Glück in der Großstadt für das Recht meiner Kinder auf eine Kindheit mit mehr Auslauf zu opfern. Weil ich egoistisch bin und mir nicht mehr vorstellen kann, an einen Ort wie Steinfeld zurückzukehren, überhaupt in einer kleineren Stadt als Berlin, Hamburg oder München zu wohnen.

Dabei wünsche ich mir, dass meine Kinder so aufwachsen wie ich aufgewachsen bin: frei. Mich hielt nichts zurück. Das habe ich auch Papa zu verdanken. Als ich sechs war, habe ich mein Pony Max aus Faulheit hinten an mein Fahrrad gebunden und auf dem Bürgersteig zur zwei Kilometer entfernten Wiese hinterhertraben lassen. Als ich neun war, bin ich an einem Mittwochnachmittag mit meinem Bruder auf dem Fahrrad durch die Dammer Berge in die zwölf Kilometer entfernte nächste Stadt gefahren und habe mir Ohrlöcher stechen lassen, ohne irgendwen um Erlaubnis zu fragen. Ich habe Oma und Opa besucht und so viele Gläser Erdbeer-Kaba getrunken und Campingbrötchen gegessen, bis mir schlecht war. Ich habe mich hundert Mal auf der Turnstange auf dem Spielplatz in unserer Siedlung gedreht, ohne dass ich sie je mit jemandem teilen musste. Ich bin in meinem weißen Kommunionskleid den ganzen Tag Inliner gefahren, während die Erwachsenen an einer langen Tafel im Wohnzimmer Eisbombe aßen (ich dachte, da würde was explodieren, als sich herausstellte, dass Eisbombe einfach sehr viel Eis in einer Schüssel ist, zog ich schnell die Inliner wieder an).

Den Grundstein für dieses Aufwachsen ohne Geländer legte meine Mutter. Mit einer sehr kleinen Entscheidung. Der Entscheidung gegen einen Laufstall: »Ich wollte euch nicht einsperren wie Zootiere, nur damit ich meine Ruhe habe«, sagte sie mal. So war es. Nicht ruhig. Es war zwar nicht alles erlaubt, aber wie weit ich in Metern gehen durfte, war jeden Tag neu verhandelbar. Natürlich gab es bei uns zuhause auch Super RTL und Gameboys, und als ich ein Teenager war, habe ich auch nachmittagelang am Computer gesessen und mit meinen Freundinnen über ICQ oder AOL Messenger gechattet, aber die ersten zehn Jahre erkundete ich unser Dorf, und zwar Straße für Straße.

Ich klingelte an jeder Tür in unserer Siedlung: »Hallo, ich bin Mareike. Habt ihr Kinder? Darf ich mit denen spielen?« Die Antwort lautete meistens »Ja! Komm man rein!«. Manchmal, wenn die Kinder schon Jugendliche waren, ließen sie mich in ihren mit *Bravo*-Starschnitten tapezierten Zimmern »Thriller« von Michael Jackson hören, während sie mit ihren Dreisätzen catchten. Gab es keinen Nachwuchs, kam ich trotzdem rein, guckte der Nachbarin beim Kartoffelschälen zu oder spielte mit ihren Katzen.

Meine Oma Z, die Mutter meiner Mutter, die eine Stadt weiter wohnt, erzählt bis heute die Geschichte eines Spaziergangs durch unser Dorf, auf dem sie jedermann freundlich grüßte und ihr sogar die vorbeifahrenden Autofahrer zuwinkten. »Die Steinfelder sind aber nett«, dachte sie. Bis sie merkte, dass die Freundlichkeit nicht ihr galt, sondern mir. Ich ging neben ihr und winkte jedem zu, an dem wir vorbeikamen. Wenn einer im Vorgarten stand und harkte, blieb ich stehen und schnackte ein paar Sätze. So wie ich es bei meinem Vater gesehen hatte. Denn egal, wo ich als Kind mit ihm hinfuhr – Papa kannte immer irgendwen, und wenn er niemanden kannte, dann lernte er jemanden kennen. Das ist bis heute so.

Kommen meine Eltern nach Berlin zu Besuch, steht Papa morgens um sechs Uhr auf, zieht sich an, schleicht aus der Wohnung und setzt sich in die nächste Kaffeebar. Er kommt immer mit einer Geschichte nach Hause. Letztes Jahr, als die Sonne die erste Wärme brachte und ich meine Eltern besuchte, fuhren Mama, Papa und ich Samstags nach Stade ins Alte Land. Wir aßen Kuchen, tranken Kaffee, danach gab es vorm Weinhandel am Binnenhafen ein Glas Rosé. Auf dem Weg zum Parkplatz kehrten wir in der einzigen Fischbude der Stadt ein. Forelle für Mama und mich, Papa bestellte Matjes. Draußen war alles besetzt, deshalb nahmen Mama und ich uns zwei Stühle und setzten uns an den Rand des Bürgersteigs in die Sonne. Papa gesellte sich zu einer Frau und einem älteren Mann an einen der Tische, weil die beiden rauchten. Zwanzig Minuten später tauschten der Mann und Papa Telefonnummern aus. Der Mann war Ingenieur, in Rente und hatte einen Weg gefunden, aus irgendetwas ohne den Zusatz von etwas anderem etwas ganz Tolles aus dem Boden zu holen. Das Patent war schon angemeldet. Während Mama und ich mit geschlossenen Augen die Sonne genossen, hatte er ein Geschäft angeleiert. Meine Oma hat mir erzählt, dass jemand vor vielen Jahren über meinen Papa gesagt hatte, er sei ein »Allmannsfreund«. Genau wie ich. Aber eben doch ganz anders.

Papa und mich verbanden die Pferde, das Segeln, eine Begeisterung für Astrid-Lindgren-Verfilmungen und dass er mich zwar »mein Mädchen« nannte, mich aber bis zur Pubertät nie wie ein Mädchen behandelte. Er machte keinen Unterschied zwischen mir und meinen Brüdern.

An meinem ersten Schultag nahm er mich zur Seite und sagte: »Sieh zu, dass du immer den ersten Schlag abgibst und immer auf die Nase!« Trotzdem war ich kein Tomboy, kein Mädchen, das sich wie ein Junge benimmt, ich war eher ein Kind, das sein Geschlecht zunächst einmal nicht als Einschränkung empfunden hat. Für mich war es kein Widerspruch, die Haare lang zu tragen, Ponys zu mögen und meine Füße in den nächstbesten Bach zu stecken, damit sich die Blutegel an meinen Beinen festsaugen. Ob ich dabei ein Kleid trug oder frisch gekämmt war, war den Leuten im Dorf, vielleicht mit Ausnahme meiner Oma, ziemlich egal.

Kein Mädchen oder Junge, sondern ein Kind zu sein, war gestattet in den Neunzigern auf dem Land. Als Spielzeugläden noch bunt waren und nach Spielzeugarten sortiert und nicht nach Pink und Blau und nach Geschlechtern. Unser Spielzeugladen in Steinfeld war auch ein Fahrradladen und wurde von einem Mann mit dem Spitznamen Lauri geführt. Während meine zwei jüngeren Brüder meist direkt in den hinteren Teil stürmten, der Große zum Playmobil, der Kleine zu den Schleich-Tieren, habe ich mich vorne rechts aufgehalten, da wo die Fahrräder, Kettcars und Tretroller standen. Die Geräte, die mobil machten.

Je älter ich wurde, desto größer wurde mein Radius. Desto mehr entfernte ich mich von meiner Straße, meiner Siedlung, meinem Dorf, meiner Familie, von meinem Vater. Geografisch. Ich war frei, aber in festen Grenzen. In der Pubertät fühlte ich mich wie in einem Gefängnis ohne Mauern – ich konnte zwar überall hin, eingesperrt war ich trotzdem, in dieses Leben auf dem Land. Doch je weiter und je länger ich weg bin, von meiner Heimat und dem Haus, in dem mein Vater, in dem wir beide aufgewachsen sind, desto mehr merke ich, wie viel davon in mir steckt. Wie die vier Meter breiten Straßen dieses Dorfs, seine Farben, Gerüche, Geräusche, seine

Geschichte und Geschichten auch durch mein Leben laufen. Das ist wohl das, was man Heimat nennt: ein Losreißen, das bedeutet, dass da etwas ist, was einen festhält.

Von: Mareike Nieberding
An: Papa
Re: Lebensfragen | Heimat

Woran denkst Du, wenn Du das Wort Heimat hörst?
An Wohlfühlen und Verbundenheit. Wenn ich an meine Heimat denke, sehe ich grüne Wiesen, Felder, gepflegte und stolze Bauernhöfe. An Menschen, die etwas rau wirken, aber im Inneren nett und hilfsbereit sind.

Hat Heimat für Dich auch einen Geschmack?
Meine Heimat schmeckt nach Eintopf und Wurstebrei, den man bei uns Prütt nennt, nach deftiger, einfacher Kost.

Heimisch zu sein, was bedeutet das für Dich?
Dieselbe Sprache zu sprechen. Also nicht das Plattdeutsche oder einen bestimmten Dialekt, sondern ein gewisses Verständnis für den anderen zu haben. Man weiß einfach, woher der andere kommt, versteht die Redewendungen und Wörter, die für diese Gegend typisch sind, so wie »Den einen sien Uhl is den änneren sien Nachtigall«.

Wann hattest Du das letzte Mal Heimweh?
Das ist eine Definitionsfrage. Jedes Mal, wenn ich von längeren Autofahrten zurückkomme, freue ich mich, wieder da zu sein.

Was ist für Dich der Unterschied zwischen Heimat und Zuhause?
Zuhause ist für mich der ganz private familiäre Bereich der Heimat.

Mir ist Steinfeld zu eng. Sehnst Du Dich nicht auch manchmal nach ein wenig Anonymität?
Anonymität ist das falsche Wort. Wenn ich mal für mich sein will, ist es ganz einfach: Ich muss nur sagen, dass ich alleine sein will, und setze mich vor den Fernseher. Außerdem kann man sich auch in einem Ort wie Steinfeld die Menschen aussuchen. Man muss ja nicht mit aller Welt befreundet sein.

Was liebst Du an Deiner Heimat?
Die enge Verbundenheit zur Familie, dem Umfeld, der Gegend.

Gibt es auch etwas, das Du nicht magst?
Das teilweise schrecklich übergriffige Gerede einiger Leute. Engstirnigkeit und Ablehnung.

Wie hat sich die Gegend verändert?
Die Heimat im Sinne von vor 50 Jahren hat sich durch starkes Wachstum der Gemeinde verändert, man kennt nicht mehr alle Leute. Es war provinzieller. Was mittlerweile ein wenig fehlt, ist die alte Offenheit. Der alte Vertrauensvorschuss weicht einer immer größer werdenden Vorsicht und Verschlossenheit. Die Menschen haben wohl schon zu viele schlechte Erfahrungen gemacht.

6

Er ist. Er hat. Er war. Vieles, was ich von Papa weiß, weiß ich nicht direkt von ihm. Er erzählt nicht oft von sich. Jedenfalls nicht ungefragt. Wird er gefragt, erzählt er die lustigen Geschichten. Einiges weiß ich deshalb von anderen Leuten. Von Mama, Oma, Onkel, Tanten, seinen Kumpels, Leuten aus dem Dorf und aus den Dörfern drum herum. Wenn ich mich als Jugendliche den Eltern einer neuen Freundin vorstellte, musste ich nur sagen, »Ich bin die Tochter von Gnotten Coarl«, so wurde mein Vater genannt.

War der Vater der Freundin Bauer, Jäger, Segler oder aufs Dammer Gymnasium gegangen, erging man sich sofort in alten Geschichten: Ein Raufbold sei mein Vater gewesen, hieß es dann, ein Raser, Frauenheld, Saufkumpan, Türsteher, er hat dem Teufel ein Ohr abgesegelt, hat mich mal in eine Mülltonne gesteckt. Wenn ich mir meinen Vater heute anschaue, fällt es mir schwer, diese Geschichten zu glauben.

Gnotte. Das ist der Spitzname meiner Familie. In unserem Dorf haben viele der alteingesessenen Familien so einen Namen: Muck, Texelmann (die auch Nieberding heißen, aber einer anderen Linie entstammen), Stiener, Teicken, Diecken, Zanners, Bolms, Möllm, Gnotte. Manchmal erinnert der Name in Plattdeutsch an den Beruf, den einer der Vorväter der Familie hatte. Manchmal an den spezifischen Ort im Dorf, an dem die Familie wohnte. Oder es war eine Verknappung, wie in unserem Fall. Ein Vorfahr hieß Jan Otto Dorgelow, abgekürzt Gnotte. Diese Namen stehen an keinem Klingelschild und in keinem Pass. Je weniger Plattdeutsch gesprochen wird, desto weniger werden sie gebraucht. Sie verschwinden wie die Welt, in der mein Vater groß geworden ist. In dem Dorf, in dem er mit seiner Holzbüchse unterwegs war, gab es noch keine Neubaugebiete, keine Mehrfamilienhäuser und Supermarktparkplätze. Rings um unser Haus, wo jetzt Autos auf der Straße parken, weil die Garagen und Carports der Nachbarn zu voll sind, standen ein paar kleine Bauernhöfe, wuchs Weizen und Gerste, grasten Kühe, Schweine, Schafe, ein Bulle.

Dem Steinfeld von früher nachzuweinen, ist nostalgisch. Nostalgie ist Stillstand. Das wissen die Leute vor Ort besser als ich. Denn auch wenn das Dorf von heute ganz anders ist als das meiner Kindheit und erst recht als das aus Papas Kindheit, verpacken sie ihre Nostalgie in Heimatbücher und blicken nach vorn, in Richtung Wachstum, Vollbeschäftigung, Industriestandort.

Im Oldenburger Münsterland, im Landkreis Vechta, in der Gegend um den Dümmer, wählen die Menschen seit Adenauer mit überwältigender Mehrheit CDU und heißen Karl-Bernd und Eva-Maria, Kuhlmann, Schomacker und Enneking. Es ist keine ganz einfache Gegend. Sehen kann man das an der Bronzestatue, die in unserer Kreisstadt Vechta vor der Sparkasse prangt. Da steht nicht etwa der literarische Sohn der Stadt, wie man das aus Weimar kennt. Da steht nicht Rolf Dieter Brinkmann, Schriftsteller und Provokateur, der seine Kindheit am Kuhmarkt 1 verbrachte, zu Deutschlands erstem Beat-Poeten wurde, in einer Reihe mit amerikanischen Literaturgrößen wie Jack Kerouac genannt wird und vor vierzig Jahren in London von einem Auto überfahren wurde. Da steht ein Pferd: Warwick Rex, der Hannoveraner-Wallach, mit dem Alwin Schockemöhle 1976 Olympiagold im Springreiten gewann. Natürlich ist es einfacher, ein Pferd zu mögen als Rolf Dieter Brinkmann, der die eigene Heimat als »Schweinelandstrich, leeres Moor, viel krüppeliges Grünzeug, katholisch verseucht« beschrieb. Aber es sagt eben auch etwas über eine Stadt, wenn ihre Bewohner lieber stolz auf ein Tier sind als auf einen Mann, der schon 1956 als Gymnasiast Sartre und Rimbaud las und der für viele Leute hier bis heute nur ein Nestbeschmutzer ist.

»Warum will ich meine Herkunft nicht akzeptieren? Weil sie voller Drohungen und Schmerzen ist«, schrieb Brinkmann einmal. Aber die Menschen aus diesem Landstrich, Menschen wie mein Vater, mögen ihre Region und sie vergessen nicht schnell. Jedenfalls keinen, der sich mit so viel Abscheu gegen sie stemmte. Deshalb steht da nun ein Pferd auf weiter Flur.

Die Reiterei hat den Landkreis berühmt gemacht. Reich gemacht hat ihn die Viehzucht, all die Schweine, Hühner, Puten und Rinder, die hier leben und vor allem: sterben. Das war nicht immer so. Bis nach dem Zweiten Weltkrieg das Geschäft mit den Tieren anfing, waren die Leute hier Bauern, Handwerker, Viehhändler, einfache Leute. Viele meiner Vorfahren wanderten im 19. Jahrhundert aus, weil sie hier keine Zukunft für sich sahen, mein Ururgroßvater fuhr zur See, weil es an Land nicht genug zu verdienen gab. Heute ist die Gegend die Fleischkammer Deutschlands.

Mit den Tieren kam die Kunststofftechnik, der Maschinenbau. Die Arbeitslosenquote ist niedrig. Die Eigenheimquote hoch. Man pflegt das Erbe des aufgestiegenen Bauerntums, kleidet sich in Wachsjacken und Segelschuhe und lässt die alten Hofstätten, Heuerhäuser und Katen zu herrschaftlichen Gutshäusern ausbauen. Das hat die Gegend schön gemacht. Die Mastanlagen stehen derweil wie Grabsteine in der Landschaft. Still. Hermetisch. Die Technik ist so weit entwickelt, dass man die Hochleistungstiere in den Hochleistungsställen beim Vorbeifahren nicht mal mehr riechen kann. Hier komme ich her.

Hier wurde 1956 mein Papa geboren. Elf Jahre nach dem Krieg. Als Sohn eines Kaufmanns und einer Apothekerin. Ein schönes Paar, auf den Fotos aus den Fünfzigern und Sechzigern, mit ihren eins, zwei, drei, vier, fünf, sechs Kindern sehen sie manchmal aus wie eine dörfliche Version der Kennedys. Oma und Opa mit den Kindern im Wangerooge-Urlaub, ganz in Weiß, die Kleinen in passenden Pullundern und kurzen Hosen, Papa mit Matrosenmütze. So weiß wie ihre Kleidung ist auch das große verputzte Haus mit den knallblauen Fensterläden, das mein Uropa 1911 am Dorfrand gebaut hat. Im Elternhaus meines Vaters lebten: Oma, Opa, seine fünf Geschwister, seine Großmutter Johanna, ein Hausmädchen, das erste hieß Agnes und heiratete den Nachbarn, das zweite hieß Mia, was aus ihr wurde, weiß keiner, und dann war da später noch eine Boxerhündin. Mein Papa wohnt noch immer in dem Haus. Im Gegensatz zu mir hat er sich nicht gegen seine Heimat oder seine Herkunft konstruiert. Aber gegen seinen Vater.

Davon hat er mir erzählt:

»Wir hatten Angst vor ihm. Ich hatte Angst vor ihm. Mit welchem Fuß er aufstand, entschied über den weiteren Verlauf des Tages. Vor allem zum Ende hin, als er so krank war. Isegrimm. So haben wir ihn genannt. So bezeichnet man ja einen gnötterigen Typen. Das passte: Mein Vater hatte immer was zu meckern.

Er war kein schlechter Mensch, das will ich damit nicht sagen. Er wollte uns Kindern auch sicher nichts Böses, er wollte einfach alles so machen, wie er es für richtig hielt. Nur, ob, ob es das Richtige für uns war, das hat er sich, glaub' ich, nie gefragt. Als Mensch war er reel, korrekt, im Dorf beliebt, meine Eltern wurden immer überallhin eingeladen. Er war ein angesehener Geschäftsmann. Er ließ sich halt nicht von jedem anquatschen. Abends traf er sich mit seinen Strategen in der Kneipe, bei Bungen Guste oder Störk. Die hatten immer was zu beschnacken. Damals gab es ja noch kein Internet, einen Fernseher haben wir 1964 gekriegt, schwarzweiß und scheiß Programm. Dein Opa war eine Autoritätsfigur, oft in dunklem Anzug, mit weißem Hemd und Krawatte.

Den Sinn für die schönen Dinge hat er von seiner Mutter gehabt, meiner Oma, deiner Uroma. Die hatte das feine Leben in den USA kennengelernt. Sie ist Anfang des 19. Jahrhunderts mit ihrer Schwester ausgewandert. Erst starb ihre Mutter, dann kam ihr Vater an den Suff, der hatte nur eine kleine Bauerei, kein Geld, nix, und ließ eines Tages einfach alles hinter sich – meine Oma und ihre Geschwister wurden auf die Verwandten verteilt. Das muss man sich mal vorstellen. Irgendwann sind die dann auch ab. Eine Schwester heiratete einen Bauern, die anderen drei, meine Oma, ihre Schwester und ein Bruder, sind nach Amerika.

Oma hatte vorher noch in Dümmerlohausen bei Schomaker Köchin gelernt. Sie landete in New York. Ihr Überseekoffer liegt noch oben auf dem Dachboden. Sie verdiente ihr

Geld bei einem Millionär als Hausangestellte. Das waren elegante Leute, sie musste sich um die Tochter des Hauses kümmern, sie anziehen und versorgen, aber ein schönes Leben hatte sie da wohl nicht. Dafür hat sie alles kennengelernt, die feine Küche, die höhere Gesellschaft, die guten Manieren. Meine Oma war nicht dumm, die hatte Ahnung von allem Möglichen, die war stur und wusste, was sie wollte – ihr eigener Herr sein. Also ging sie zurück und heiratete meinen Opa, deinen Urgroßvater. Der war Witwer und hatte drei Kinder aus erster Ehe. Das war nicht leicht für sie, da hing noch eine riesige Sippschaft dran, und die waren erst mal nicht begeistert: ›Das ist ja man nur ne Magd‹, sagten die damals. Anstatt froh zu sein, dass er überhaupt noch mal eine fand, und dann noch so eine fleißige.

Sie hat seine Kinder wie ihre eigenen großgezogen und selbst noch drei gekriegt. Und sie hat 30 000 Mark aus den USA mitgebracht und in seine Firma gesteckt. Das war viel Geld, Goldmark. Opa hatte damals noch eine Schnapsbrennerei und probierte auch gerne mal einen, er war eher ein Gemütsmensch. Mit ihrem Geld konnte er den Getreidehandel aufbauen, den Papa dann weitergeführt hat.

Deine Uroma war eine starke Frau und sie liebte deinen Opa, ihren zweitältesten eigenen Sohn, heiß und innig. Zwei seiner Halbbrüder blieben im Krieg, einer wurde Bauer und nahm seine Schwester mit auf den Hof, also blieb Papa dann auch in dem Haus, in dem wir noch heute wohnen. Auch meine Oma Johanna blieb. Sie sagte immer: ›Dieses Haus verlasse ich nur mit den Füßen voran.‹ Hat geklappt.

Als ich klein war, war sie sehr präsent im Haushalt. Die hatte keine Angst vor nichts und niemandem, und wie die schimpfen konnte! Einmal hat sie mich sogar vor einem wild gewordenen Bullen gerettet, den ich mit meiner Holzbüchse ins Visier genommen hatte. Als das Vieh auf mich losgehen wollte, hat sie die Büchse genommen und sie dem Bullen über den Kopf gezogen.

Dein Opa war nicht so zupackend wie seine Mutter. Er war keiner, der mit der Hand arbeitete, dazu fehlten ihm die Kräfte. Er war eher ein Denker, Planer, ein Kopfarbeiter. Er war ehrgeizig. Zu meiner Mutter hat er mal gesagt, man müsse sich eine Tischdame leisten können, die Gäste und Familie versorgt, damit die Hausherrin nicht mehr aufzustehen brauche. Er liebte es, einzuladen, und war glücklich, wenn die Leute es schön fanden bei uns zuhause. Er reiste nach Hongkong und brachte Jade und Porzellan mit und er baute ein Schwimmbad. Kurz vor seinem Tod mussten noch einmal Austern und Hummer auf den Tisch.

Aber was er vor allem hatte, war Familiensinn. Familie ging ihm über alles. Das Wort Ehrenmann klingt jetzt altmodisch. Aber das war ihm wichtig. Manche haben das auch ausgenutzt. Seinen Stolz. Die wussten, dass er die Familie, den Namen Nieberding, schützen wollte. Das ging ihm über alles: dass der Name Nieberding nicht beschmutzt wird. Bei sechs Kindern und so vielen Verwandten ist das ein hoher Anspruch.

Wir sollten uns nicht mit den falschen Leuten einlassen. Nicht die falschen Berufe ergreifen und die falschen Partner heiraten. Wer und was falsch und richtig war, wusste natürlich er am besten. Meine Schwester verkehrte in linksalternativen Kreisen: falsch. Mein Bruder wollte Medienwissenschaften studieren: falsch. Mein anderer Bruder brachte eine dunkelhäutige Freundin nach Hause: falsch.

Ich hatte schon als Kind das Gefühl, ihm nichts recht machen zu können. Vielleicht auch, weil ich der Älteste war.

Ich glaube, es lastet ein besonderer Druck auf dem Erstgeborenen, da wird ja viel hineininterpretiert, was man selbst nicht geschafft hat, das soll das erste Kind dann schaffen.

Zuhause war Mama die Organisatorin. Sie war eigentlich Apothekerin, aber für Papa gehörte die Frau ins Haus. Nicht, dass noch jemand sagt, der Nieberding könne seine Familie nicht ernähren! Manchmal besuchte sie ihre alten Kolleginnen in der Apotheke. Einmal half sie spontan aus, weil so viel los war, und wurde von einem Steinfelder gesehen. Der hat das natürlich gleich gepetzt. Das war was.

Sie hat sich damit abgefunden und sich um uns, den Haushalt, das Kochen gekümmert, mit deiner Uroma und ihren Hausangestellten. Sie hatte eigentlich immer ein Mädchen im Haus.

Meine Mutter kommt ja aus demselben Ort wie mein Vater. Quasi vom anderen Ortseingang. Dort hatten ihre Eltern, deine Urgroßeltern, eine Gerberei und eine Kneipe. Sie und Papa kannten sich schon aus der Schulzeit, verliebt haben sie sich erst nach dem Krieg. Mama sah ihn das erste Mal während eines Spaziergangs im Wald wieder, was so ziemlich das einzige Vergnügen war, was man damals in Steinfeld als junge Frau hatte. Sie erzählt bis heute, dass sie damals sofort auf ihn geflogen ist, auf diesen »netten, schönen Mann«. Auf Tanzböden lernte man sich näher kennen. Um ihre Hand hielt Papa dann kaum ein Jahr später auf dem Sofa in der Wirtschaft ihrer Tante Marlie bei einem Glas Wein an.

Mein Vater verließ morgens um acht Uhr das Haus und kam zum Mittagessen wieder. Wir Kinder, jedenfalls die Älteren, verpassten ihn mittags meist. Wir kamen erst später von der Schule. So gegen vier.

Auf jeden Fall wurde ich von ihm immer als Erster zur Arbeit gerufen. Die anderen konnten nicht mit der Hand arbeiten, vielleicht waren die auch einfach nicht so blöd wie ich. Ich weiß es nicht. Wir Geschwister haben uns eh nicht sonderlich gut verstanden, als wir noch klein waren. Meine kleine Schwester wollte immer Recht haben, das hat tierisch genervt, und mit den anderen vier hatte ich nicht viel zu tun, die waren ja auch viel jünger als ich. Einmal habe ich meine kleinen Brüder mit zum Hühnerausstallen auf den Hof unseres Onkels genommen, die waren, glaub ich, keine halbe Stunde da.

Mit 15 habe ich dann in der Firma angefangen. Dein Opa hat ja Heizöl, Kohlen, Futtermittel, Getreide gehandelt. Ich wollte auch wohl gerne arbeiten, das brachte Geld, acht Mark die Stunde. Als ich noch keinen Führerschein hatte, bin ich auf dem Mehlwagen mitgefahren, der Sackwaren und Kohle auslieferte, und hab die Säcke geschleppt, und später habe ich dann selbst ausgeliefert in einem Radius von 100 km. Manchmal rief mein Vater auch nachmittags nach der Schule an, ›Fahr mal eben zum Bahnhof, da ist eine Ladung Kunstdünger angekommen‹. 500 Säcke à 50 kg. Da kamen immer acht Säcke auf eine Karre, die mussten in unseren Firmenschuppen und dort hochgestapelt werden, weil der Schuppen so klein war. Das war ein gutes Training.

Genauso wie die Wettbewerbe mit unseren Mitarbeitern: Wer mit einem 50-kg-Sack Zement unterm Arm am schnellsten laufen konnte, so was. Es gab schon ein großes Bedürfnis, sich zu messen. Es ging immer darum, wer der Stärkste ist. Dieses Gesetz galt aber auch bei uns zuhause.

Ich hab viel Quatsch gemacht damals. Zwei Totenköpfe erbeutet, als der alte Friedhof wegen Rohrarbeiten freigelegt wurde. Den einen habe ich unter den Helm des Baggerfahrers gelegt. Den anderen mit nach Hause genommen. Eigentlich wollte ich ihn meiner Schwester ins Bett legen, aber Mama hat mich rausgejagt. In der Schule haben wir Spottgedichte über die Lehrer geschrieben, vor allem über den einen, Herrn T., für uns war er nur der Olifant. So nannte man im Mittelalter reich verzierte Signalhörner aus Elfenbein. Er kam immer bestens aufgebrezelt und braungebrannt in die Schule, mit Handtasche, das war ja was für uns Jungs vom Land. Der Schuldirektor nannte mich irgendwann nur noch Don Carlos. Das war sein Spitzname für mich.

Baumstümpfe haben wir in die Luft gesprengt, mit selbstgemischtem Sprengstoff. Mein Freund Texelmanns Buffo wusste, was da reinmuss. Gefährliches Zeug war das: U46, so ein Pflanzenschutzmittel mit hohem Salpeteranteil, das wurde mit Puderzucker vermischt, 10:1, glaub ich, dann haben wir das Gemisch in ein Bleirohr gegeben, das Rohr auf der einen Seite zugekniffen, eine Blitzlichtbirne reingesteckt, mit einer starken Batterie verkabelt und das andere Ende des Rohrs auch zugekniffen. Das Ganze wurde eingebuddelt, die Birne zum Blitzen gebracht, und schon ging die Ladung hoch. Das war ein Spektakel. Saugefährlich. Irgendwann haben wir uns dann mit ein paar Leuten ein altes Heuerhaus fertiggemacht, eine Partybude mit Vorraum, Tanzraum, Trinkraum und Kontaktraum, der an den Wänden mit alten Matratzen ausgelegt war, hinterm Heuerhaus gab es noch eine Strohscheune. Das war nicht schlecht.

Mit 16, 17 habe ich angefangen, im Datscha zu arbeiten, der Kneipe, wo wir nach der Schule immer Cola tranken, bevor wir zum Essen nach Hause fuhren. Wir trafen uns ja nie bei unseren Eltern. Wenn wir zu ner Fete wollten, gingen wir vorher in die Kneipe, in Steinfeld zu Clemi oder in Damme ins Datscha, nahmen einen Drink oder zwei, und dann ging's los. Zum Datscha gehörte auch noch eine Disco, das Dandy. Ich arbeitete für beide und bekam zehn Mark die Stunde. Im Datscha habe ich deiner Mutter ihren ersten Alkohol ausgeschenkt. Natürlich abends. Alt-Bier.

Ich habe gerne in der Kneipe gearbeitet, ein bisschen schnacken, hier und da für Ordnung sorgen. Damals ging das alles ja noch etwas anders zu. Hin und wieder brauchte auch mal jemand eins auf die Mappe. Es gab so Leute, die wurden ganz linke Bazillen, wenn sie besoffen waren. Ich hab mal gesehen, wie einer sein Whiskeyglas hochwarf, um es seinem Gegenüber mit der Faust ins Gesicht zu schlagen. Der musste natürlich ein paar an die Ohren haben. Wir hatten auch oft mit den Soldaten Probleme. Bei uns in der Nähe waren Fallschirmjäger und Panzergrenadiere stationiert. Die fühlten sich stark, wenn sie zu dritt oder zu viert kamen. Da gab es oft Kloppereien, mein Job war es dann, die nach draußen zu befördern. Ich war ja relativ kräftig. Ich weiß nicht, warum wir damals so viel Mist gebaut haben. Aus Langeweile? Was gab es schon zu tun in einem Dorf wie Steinfeld? Der Ärger, den es dafür gab, hat mich jedenfalls nicht abgehalten.

Einmal kam ich nach Hause, ich weiß nicht mehr, was ich gemacht hatte, da sagte mein Vater ganz freundlich zu mir: ›Carl, geh doch mal in den Garten und schneide dir nen schönen Stock. Hier ist ein Messer.‹ Ich Döspaddel habe einen Weidenstock geschnitten. Manchmal gab es auch was mit dem Kleiderbügel.

Als er selbst noch ein Kind war, hing die Rute bei vielen Familien noch an einem Haken in der Küche, bei deiner Oma im Elternhaus hing sie im Flur an der Garderobe – die erzählt noch immer, wie sie sich oben aus dem Schrank lange Strümpfe holte, wenn sie wusste, dass ihr eine Tracht Prügel drohte, weil ihre Tante Lisbeth immer zuerst auf die Beine schlug.

So hart ging es bei uns nicht mehr zu. Aber Schimpfe gab es. Genug. Papa erzog nicht mit Lob, sondern mit Tadel. Es gab immer Druck. Das war seine Erziehungsmethode. Als ich ihn mal während des Studiums um Geld für Bücher bat, sagte er: ›Dann kriegen deine Geschwister eben keinen Wintermantel.‹ Das Semester habe ich mich nicht mehr zuhause blicken lassen. Meine zukünftige Schwägerin begrüßte er Jahre später mit dem Spruch: ›Und du gehst wohl zum Lachen in den Keller!‹ Sie war damals gerade 18. Er fand das lustig.

Mein Vater war nicht so der warmherzige Typ. Gefühle konnte er nicht vermitteln. Ganz anders als ich. Ich glaube, in dem Punkt unterscheiden wir uns ziemlich stark. Ich habe mir immer geschworen, nie so zu werden wie er. Auf gar keinen Fall.

Aber vielleicht hatte seine Art auch etwas mit dem Krieg zu tun. Er gehörte ja zum letzten Aufgebot. 1945 wurde er eingezogen, nach dem Abitur, der arme Kerl. Er hat zwar nicht einen einzigen Schuss abgegeben, hat er jedenfalls immer erzählt. Aber es muss trotzdem eine schreckliche Zeit gewesen sein.

Er wurde gleich ziemlich bald in Bayern gefangen genommen und kam dann nach Amerika, nach Virginia, zum Pfirsiche pflücken, und später nach Frankreich. Keiner weiß, mit was für einem Appelkaan die da hingekommen sind. Er hat da auch nie drüber gesprochen. Deine Oma schon eher. Sie erzählte öfters, wie sie als junges Mädchen bei Tieffliegeralarm im Straßengraben lag und jedes Gebet betete, das ihr einfiel. Dass ihr diese Angst bis heute in den Knochen steckt. Dass sie vielleicht deshalb immer den Mund gehalten hat, weil sie einfach nur in Ruhe leben wollte. Aber wir haben auch nicht wirklich nachgefragt.

Das Verhältnis zu meinem Vater war ziemlich distanziert. Eine Zeitlang hat er versucht, ein bisschen mehr mit mir zu unternehmen. Er hat mich mitgenommen zum Angeln. Beim ersten Mal fing er eine Brasse, die sind bis obenhin voll mit Gräten. Beim zweiten Mal fing er einen Hecht, der biss ihm in den Finger. Es war eine blutige Angelegenheit, weil Hechte Widerhaken an den Zähnen haben, das wusste er nicht und versuchte, die Hand rauszuziehen, hat, glaub ich, ziemlich wehgetan. Beim dritten Mal fuhren wir auf einem Fischkutter mit, und mein Vater hing die ganze Zeit über der Reling. Er wollte außerdem mit mir Segeln lernen und hatte dafür in der Kneipe irgendwem eine O-Jolle abgekauft. Die haben einen ziemlich tief hängenden Baum, und den kriegte er so was von an den Kopf, dass er keine Lust mehr hatte.

Ich habe vieles von ihm vergessen. Ich wollte es auch vergessen. Nur den Blick nicht, der am Tag seines Todes in seinen Augen lag. Ich saß ja bis zum Schluss an seinem Bett. Das beschäftigt mich bis heute, wie er mich da angeguckt hat, so hilflos.«

7

»Nein, das darf nicht wahr sein!«, tönt es aus der Türsprechanlage. »O doch!«, murmele ich zurück. Papa und ich steigen die geölte Holztreppe hoch. Er geht voran, und noch bevor wir beide um die Treppenkurve kommen und sie uns sehen kann, ruft sie: »Mein Sohn, endlich sind wir wieder vereint!« Und: »Mal schauen, ob das Kind gewachsen ist!« Oben angekommen, umarmt uns Papas Vergangenheit. Erst mich, dann ihn.

Papa hebt sie, die Vergangenheit, hoch, als wäre sie nicht 67, sondern wieder 27, wie damals, als die beiden sich das erste Mal trafen. Auf einem Stiftungsfest im Berghaus. »Mama! Wie schön, dich zu sehen!«, sagt er und grinst. Ich bin irritiert. Sie lacht. »Den Scherz hat er schon gemacht, als ich ihn kennengelernt habe! Ich dachte, der spinnt!«, raunt sie mir zu, bleibt vor Papa stehen und sagt: »Bis auf die grauen Haare haste dich überhaupt nicht verändert!« Sie schaut zu mir: »Du auch nicht!« Als ich sie das letzte Mal sah, war ich vier.

Die Vergangenheit hat einen Namen. Sie heißt Karin und ist die Frau von Papas Fuchsmajor, dem Studenten, der ihn damals in der Verbindung unter seine Fittiche genommen hat. Deshalb die Mutter-Vater-Kind-Analogie. Thomas, der Fuchsmajor, der längst ein älterer Mann ist, kommt wenige Minuten später aus seiner Werbeagentur. Papa hat die beiden das letzte Mal vor zehn Jahren gesehen. In ihrer Studentenzeit waren sie Herz an Herz, dann kam ihnen das Leben in die Quere. Trotzdem gibt es zwischen ihnen eine Vertrautheit, die zumindest die Männer als »verbindungstypisch« beschreiben.

Karin und Thomas wohnen großzügig, mit weißen Möbeln und hockneyartigen Gemälden an der Wand. Die Ablagen, Regale, Schränke biegen sich vor der Last des Gesammelten: alten Stopfeiern aus Holz, Salzstreuern aus Silber, Saucieren aus Porzellan, in denen Karin keine Saucen serviert, sondern Kresse pflanzt. Es gibt Champagner. »Der ist ja warm!«, beschwert sich Thomas bei seiner Frau, woraufhin sie aufspringt, um ihn kalt zu stellen, dann aber den Verschluss nicht auf die Flasche kriegt. »Frauen und Technik«, flüstert Papa.

Die drei erzählen von alten Zeiten und neuen Leiden. Von Papa – Kalle, dem Halodri, Kalle, dem Raser, Kalle, der schon immer ein besonderer Typ war. Von mir, der Göre, die Thomas nicht leiden konnte als Kind, weil sie nicht das tat, was sie sollte, die immer Widerworte gab. Nur dass Papa und ich uns irgendwie in den letzten Jahren aus den Augen verloren haben sollen, das können sie kaum glauben. »Ihr seht doch ganz glücklich zusammen aus, so als Vater und Tochter«, sagt Thomas, sechs Jahre älter als mein Papa und selbst kinderlos. Er schaut mich forschend von der Seite an: »Habt ihr wirklich das Reden vergessen?« Ich schaue Papa an, der mir gegenübersitzt und Kaffee trinkt, und sage, »Ja, ich glaube schon«. »Und, wie konnte das passieren? Reden könnt ihr doch beide!«, sagt Thomas versöhnlich. Nun schaut Papa mich an und sagt: »Na ja, die Frauen hatten immer so viel zu beschnacken, da war ich irgendwie übrig.«

Ich hatte Angst, Papa von dem Buch zu erzählen. Ihm Teile zu lesen zu geben. Ich befürchtete, dass er mir das Ganze um die Ohren hauen würde. Beleidigt, traurig, enttäuscht sein könnte von mir, seiner einzigen Tochter. Deshalb habe ich mich auch erst mal nicht getraut, direkt mit ihm darüber zu sprechen. Ich nutzte Mama als Medium. Berichtete ihr am Telefon von der Idee und hoffte, dass sie es weitertragen würde. Der Sommer verging, und als ich im Oktober aus den USA wiederkam, fuhr ich nach Hause, die Rückkehr als Vorwand, um ihnen das fertige Exposé zum Lesen dazulassen. Und um ihnen zu sagen, dass ich mich im Frühling hatte tätowieren lassen. Das Tattoo ist klein. Es ist schwarz. Es sitzt zwischen Brustansatz und Achsel. Es ist nur anderthalb Zentimeter groß, ein kleiner Setzling oder Sprössling, auf jeden Fall der Beginn von etwas. Ich hatte es machen lassen, nachdem ich mich für Björn, meinen neuen Freund, entschieden hatte. Nachdem ich ihm in einer Liebes-E-Mail geschrieben hatte, dass ich glaube, dass er der Mann meines Lebens sein könnte – was auch immer das bedeuten mag. Ich habe meinen Körper zur Landkarte einer emotionalen Reise gemacht, wie eine dieser Frauen, die früher bei Andreas Türck saßen.

Erst das Buch, dann das Tattoo.

Die Buchneuigkeiten nahmen beide skeptisch, aber neugierig auf. Papa wirkte ein wenig ängstlich, und als er versuchte, seine Angst mit Wohlwollen zu überspielen, bekam auch ich Schiss. Warum nur?, flehte sein Blick. Und ohne zu sprechen, sagte ich: weil es nicht anders geht. Weil ich mich schreibend erfahre. Weil wir sonst nie wieder zueinanderfinden.

Dann erzählte ich vom Tattoo, riss in Sekundenschnelle

mein T-Shirt hoch, und bevor Mama ihren entsetzten Blick in Worte fassen konnte, sprang ich auf, um mehr Sekt aus der Kühlung zu holen.

Einen Tag später, nachdem Papa das Exposé gelesen hatte, schrieb er mir morgens um 06:49 Uhr eine Mail:

»Moin mein Mädchen,

habe das Exposé gelesen, klasse!!

Ich bin stolz, so eine tolle Tochter zu haben.

Leider ein Fehler, ich bin 1956 geboren.

Dein Papsi«

Tagsüber rief er an, über das Exposé sagte er nicht viel mehr als das, was bereits in der Mail stand, er war irgendwie verlegen, so als hätte der Text etwas in ihm gelöst, und ich sagte: »Manches ist aber schon ganz schön heftig, oder?« Worauf er antwortete, dass das stimme, aber dass er sich vor allem gefragt habe, ob er wirklich so eine Lusche sei. Immer wieder frage ich mich seitdem, warum ich Papa das antue. Dieses Buch. Ich glaube, ich tue es aus Liebe.

–

Zum Glück gibt es Ohropax. Nach dem Abend mit der Vergangenheit, mit Karin und Thomas, lag Papa kaum unter der Decke, da schnarchte er schon. Ich wache kurz nach acht auf, als die Toilettentür schließt, das Bett neben mir ist leer, Papa war bereits am Titisee, hat Kaffee getrunken und Zeitung gelesen und trotzdem mit dem Frühstück auf mich gewartet. Im Frühstücksraum steht schon eine Kanne Kaffee bereit. Er bestellt Eier mit Speck. »Wie früher!« Ich bestelle ein gekochtes Ei. Ich schmiere uns ein Brötchen für die Fahrt. Es ist wirklich noch alles wie früher im Postwagen, so heißt der Gastraum. Nur die Servietten sind nicht mehr die gleichen. Vor zwanzig Jahren gab es auf dem Berghaus immer Servietten mit einer lachenden Sonne darauf, sie lagen morgens auf den Tellern und wünschten: »Guten Morgen«, »Good Morning«, »Bonjour«, »Buenos días«.

Wir haben keine Pläne geschmiedet. Der Tag liegt in all seiner Schwarzwaldigkeit vor uns. Wir entscheiden uns, ein wenig die Studentenzeit meines Vaters nachzuspielen. Wir fahren zum Rheinfall nach Schaffhausen, wohin er nachts manchmal mit seinen Kommilitonen gefahren ist, um den Tag mit einem Glas Sekt zu begrüßen. Jetzt steht er vor einem Stand mit Schweizer Taschenmessern. Sehnsüchtig blickt er auf die verschiedenen Modelle. Eines ist durchsichtig. Eines hat eine Säge. Eines ist pink. Es gibt auch Swiss Cards, darin ein Zahnstocher, eine Glasnagelfeile, ein Druckkugelschreiber, eine Stecknadel, eine Schere, vier Schraubendreher und eine Lupe. Meine Geschwister und ich haben so ziemlich alle Taschenmesser, die Papa je besessen hat, verloren. Sie liegen bestimmt noch irgendwo verbuddelt im Blumenbeet, unter den Büschen oder im Pferdestall. Was wir in unserem Haus fanden, gehörte uns allen. Wir haben uns einfach genommen, was wir wollten. Heimlich, versteht sich. Und es dann nie zurückgebracht.

»Und dann wollte es immer keiner gewesen sein!«, sagt Papa jetzt, noch immer am Stand mit den Messern.

»Wieso hast du nichts unternommen?«, frage ich.

»Was sollte ich denn machen, wenn keiner es zugeben wollte? Euch alle drei bestrafen?«

Wir schauen auf die Steininsel im Rheinfall. »Der Rhein führt aber wenig Wasser«, sagt Papa. Das monotone Rauschen des Wassers, das Schäumen und Schluchzen verhindert weitere Gespräche. Gegen die gefallenen Massen stemmt sich ein Ausflugsdampfer. Ein Reiher wartet auf Beute. Eine türkische Familie schleppt einen Kinderwagen die Treppe hoch. Eine spanische Schulklasse posiert vor der Wasserfallkulisse für ein Foto. Einige der Mädchen haben sich Spanienflaggen über die Schultern gelegt. Ihr Lehrer ruft von der Spitze der Steintreppe: »¿Alguien tiene que ir al baño?« Muss noch jemand zur Toilette?

Zurück im Auto, auf dem Weg Richtung Deutschland, merke ich, wie routiniert wir schon sind. Nach noch nicht einmal zwei gemeinsamen Tagen. Ich schraube Papas Wasserflasche auf, wenn er etwas trinken will. Er bietet mir ein Stück Scho-Ka-Kola an. Kaffeeschokolade. Wir sind unterwegs zum St. Valentin, einer Waldgaststätte südlich von Freiburg, in der einer seiner Kommilitonen früher gekellnert hat und wo wir auch bei unseren Familienausflügen manchmal Rast gemacht haben. Ich selbst erinnere mich kaum noch an den Valentin, nur an die Abkühlung, die man im Schatten der großen Kastanie im Biergarten finden konnte, und daran, dass es dort Pfannkuchen gibt. Pfannkuchen mit Pilzen. Dass ein Lokal Pfannkuchen anbietet, fand ich schon als Kind kurios – unser Freitagsessen und das einzige Gericht, das von Papa besser schmeckt als von Mama.

Durchfahrt verboten. Wir laufen das letzte Stück. »Nicht so schnell!«, stöhnt Papa. Und sagt, mein Stechschritt sei ja noch schneller als der meiner Mutter. Seit ich denken kann, raucht mein Vater. Seitdem er 15 ist. In fünf Jahren wird er seit 50 Jahren jeden Tag 25 Zigaretten geraucht haben. Das sind fast eine halbe Million Zigaretten. Ich protestiere dagegen, seit ich denken kann: Ich nörgelte mit sechs, ich hustete mit neun, mit elf versteckte ich die Schachteln, mit zwölf betrat ich Räume, in denen er rauchte, nur noch mit einem Tuch vor dem Mund, mit 14 weigerte ich mich, neben ihm zu sitzen, wenn er sich eine anstecken wollte, mit 16 rollte ich jedes Mal demonstrativ die Augen, wenn er seinen Tabak hervorholte, und stachelte meine Geschwister an, es mir gleichzutun, mit 18 zitierte ich Studien, mit 21 redete ich mich in Rage und weinte bei dem Gedanken an all die Gelegenheiten und Anlässe in meinem zukünftigen Leben, die er wahrscheinlich verpassen würde. Papas Vater ist an Krebs gestorben. Mit Anfang 60. Papa ist 60. Das wäre also bald. An seinem Geburtstag hat Papa ins Telefon gesagt: »Ich freue mich schon auf die zweite Lebenshälfte.« Ich konnte nicht über diesen Scherz lachen. Sein Helmut-Schmidt-Optimismus kränkt mich. Denn seitdem ich denken kann, habe ich Angst vor seinem Tod. Diese Angst kennt wahrscheinlich jedes Kind. Es ist ja schon beängstigend, die eigenen Eltern altern zu sehen. Sich vorzustellen, dass da irgendwann ein Krankenbett in ihrem Wohnzimmer steht und Papas Pullover nach dem Essen voller Flecken ist. Aber was ist, wenn es dazu gar nicht erst kommt? Früher hat mich dieser Gedanke bedrückt. Mittlerweile mischt sich die Trauer mit Wut. Wie gern würde ich rufen: Die Zigaretten oder ich!

Aber was ist, wenn er sich für die Zigaretten entscheidet?

Im Garten der Gaststätte St. Valentin besetzt eine Hochzeitsgesellschaft drei der zwanzig Tische. Die Kinder der Gäste toben im Gebüsch. Papa isst einen Pfannkuchen mit Speck. Er hat noch Hunger. Vielleicht einen Wurstsalat? »Nee, nee, irgendwann muss man ja mal anfangen mit dem Abnehmen. Ich habe mir auch schon ein neues Laufhöschen gekauft«, sagt er und isst den Rest meines Pilzpfannkuchens.

Wir reden über neue Geschäftsideen und darüber, was ihm Nationalstolz bedeutet und wer den in Deutschland haben dürfe. Seine Antwort überrascht mich: »Ist doch klar: Jeder, der Deutschland seine Heimat und sein Zuhause nennt. Ist doch nur gut für uns, wenn auch die Migranten sich mit Deutschland identifizieren und stolz sind.«

Ich hatte ihn viel konservativer in Erinnerung. Ich merke, wie ich selbst in den alten Vorurteilen und Dynamiken feststecke, die ich ihm seit Jahren vorwerfe. Besonders auffällig wurde das am gestrigen Abend in Gesellschaft seiner kinderlosen, ein paar Jahre älteren Freunde: Als das Wort »Schwuchtel« fiel, zuckte nicht nur ich zusammen, sondern auch Papa. So selbstverständlich und unbefangen wie Thomas es benutzt hat, muss er Papa auf seiner Seite gewähnt haben. Als sie noch jung waren, haben sie von solchen Schimpfwörtern sicher öfter Gebrauch gemacht.

Als ich noch zuhause wohnte, hätte er so ein Wort wahrscheinlich schon nicht mehr benutzt, aber nicht aus Überzeugung, sondern um sich die Ermahnung oder die Diskussion mit mir oder meinen Geschwistern zu ersparen. Mittlerweile sagt er es aus gutem Grund nicht mehr.

Ich glaube, wenn man Kinder hat, ist es weniger leicht, sich in seinen Überzeugungen einzuhegen. Weil da immer jemand ist, der widerspricht oder zumindest nachfragt. Indem sie ihr Leben in Form von Erfahrungen und Freunden in das ihrer Eltern tragen, funktionieren Kinder als ein Korrektiv von unten. Jedenfalls auf der Langstrecke.

Und wir reden über die Liebe. Darüber, dass das Ja-Sagen niemals aufhören darf. Dass die Ehe für ihn bedeutet, sich jeden Tag aufs Neue für Mama zu entscheiden. »Aber ist das nicht in jeder Beziehung so?«, frage ich und sage nicht: Ist das nicht das, was wir hier gerade versuchen, mit dieser Reise? Uns als Vater und Tochter erneut füreinander zu entscheiden? Damit wir einander wieder hören, ohne dass einer den Mund aufmachen muss.

Nun muss aber erst einmal eine Entscheidung getroffen werden: Wie es heute mit uns weitergeht. Es ist halb vier Uhr am Nachmittag. Die Sonne scheint, 26 Grad. Papa will noch einmal in die Stadt, einen Kaffee in der Sonne trinken. Ich will wieder aufs Berghaus, eine Wanderung durch die Sonne unternehmen. Er gibt nach. Mit mir wandern gehen will er nicht. »Ich hab Fuß«, sagt er, als er mit der Wirtschafterin schnackt. Ich laufe alleine los.

Im Tal blühten bereits die Magnolien. Hier oben, auf 1050 Metern, strecken sich gerade mal die ersten Krokusse gen Himmel. Das lange Gras hat der Schnee über Monate nach unten gekämmt. Jetzt ist er geschmolzen, und man kann es sich auf den frisierten Wiesen gemütlich machen. Unter meinen Ohren knistern die Halme. Gerade hörte ich nichts als mich, meinen Atem, das Rascheln meiner Jacke, die man hier oben noch braucht, meine Gedanken. Nach ein paar Minuten höre ich die Welt, die in dieser Wiese steckt. Das Simmen, Surren, Knacken, Knautschen und Raunen. Die Ameisen haben mich bemerkt, etwas fliegt mir gegen den Kopf, taumelt kurz, fängt sich und fliegt weiter. Ich bin hier nur zu Gast. Ich schließe die Augen und träume von Familienurlauben auf dem Berghaus. Nicht von den vergangenen, sondern den zukünftigen. Sehe, wie mein Mann und ich unsere schlafenden Kinder aus einem alten, zerkratzten Golf Cabrio in die fremden Betten mit blau karierten Decken tragen, wie Mama und Papa eine Flasche Rotwein und ein Bier aus dem offenen Kühlschrank im Gastraum holen, natürlich nicht, ohne auf ihrem Zettel die entsprechenden Striche gemacht zu haben. Zukunftsmusik, so einfach und naiv, dass ich niemandem von ihr erzählen werde. Nicht, dass mein Gegenüber sie noch weiterspinnt, an einen anderen Ort verlegt, mit anderem Personal. Das kann ich mir nicht erlauben. Schließlich sind die einfachsten Dinge oft am schwierigsten zu behalten: Liebe, Partnerschaft, Familie, Ruhe, zwei schlafende Kinder, eines vielleicht mit Zahnlücke und eines mit grüngelben Katzenaugen und Sommersprossen, ein Urlaub im Schwarzwald. Die Sonne brennt so orange durch meine Lider, dass ich überrascht bin, wie grau-grün-blau-weiß die Welt um mich herum ist, als ich die Augen wieder öffne.

Ein kleines Stück bergauf folgt mir eine einäugige Katze. Endlich alleine, suche ich mir einen hüfthohen Stock, er ist ein wenig krumm, aber er federt gut. Er splittert, deshalb umwickle ich den Griff mit Gräsern und Stroh, auf einer Wiese finde ich ein kurzes rotes Band, mit dem ich meine Polsterung festzurren kann. Das Berghaus verschwindet hinter Baumkronen, Schotter und Wiesen. Es tut gut, mal einen Augenblick für mich zu sein. Ich bin froh, Papa nicht zum Mitkommen überredet zu haben. Seit gestern vergeht unsere Zeit wieder gemeinsam. Ich habe das Gefühl, dass wir uns diese Trennung auf anderthalb Stunden leisten können. Ich weiß, dass er keine Fußschmerzen hat, er hat einfach nur keine Lust, wandern zu gehen. Er möchte ein Nickerchen machen. Er schläft nachts immer nur drei, vier Stunden am Stück. Er hat einen anderen Rhythmus als ich, ich weiß nicht, ob er ihn nicht einfordern will oder sich nicht traut, ihn einzufordern, weil er denkt, dass ich dann enttäuscht oder sauer bin. Deshalb komme ich ihm zuvor. Man muss den anderen gehen lassen: ihn ins Bett. Mich in den Wald.

Nach einer halben Stunde fange ich an zu weinen. Die Anspannung der letzten zwei Tage, die wir beide als entspannend tarnen wollten, löst sich mit jedem Schritt und jeder Träne ein wenig mehr. Es fängt an zu regnen, ich flüchte mich unter eine Fichte. Es fängt an zu hageln, und die Körner prallen vom Wiesenweg ab wie Perlen von einem gefliesten Badezimmerboden. Sie machen einen kleinen Satz, bevor die Erde sie auffängt und verschluckt. Ich saß das letzte Mal alleine unter einem Baum, als mein Onkel Karl, der Bruder meiner Oma, unser Ersatzopa, gestorben war. Auf meinem Discman lief damals Nirvana *MTV Unplugged*. Hier ertönt nur das Wetter auf dem Blätterdach. Es klart auf, ich gehe durch ein Dorf, in dem es nach frischgesägtem Holz und Kuhdung riecht, weiter über Wiesen und Waldwege, an einem Bunker vorbei und an einem Findling, auf dem ein anderer Wanderer sich durch kleine Steintürme verewigt hat. Nach einer guten Stunde komme ich auf eine lange Gerade, ich habe das Gefühl, gleich zurück zu sein. Ich weiß nicht genau, woher dieser Eindruck kommt, weil ich die Strecke noch nie bewusst gegangen bin, aber vielleicht erinnert sich mein Körper an frühere Wanderungen, an Wanderungen, die mein Kopf längst vergessen hat. Darüber denke ich nach, als ich am Ende des Weges einen Mann sehe. Er kommt auf mich zu. Er ist groß, dunkles Haar, lange Beine, breite Schultern, schlank, aber nicht dünn, dunkle Windjacke. Er ist bestimmt noch 300 Meter entfernt. Das ist doch Papa. Er ist mir vom Ende entgegengelaufen. Ich merke, wie die Vorstellung in meinem Gesicht ein Lächeln hinterlässt. Ich wedele mit meinem Stock, einmal, zweimal, keine Reaktion. Also noch mal. Einmal, zweimal. Wir gehen aufeinander zu. Wir gehen aneinander vorbei. Es ist jemand anderes.

Von: Mareike Nieberding
An: Papa
Re: Lebensfragen | Liebe

Wie unterscheidet sich die Liebe zu einer Partnerin von der Liebe zu den eigenen Kindern?
Weniger Verantwortung. Sexualität.

Was findest Du romantisch?
Bei Regen draußen zu sein und Arm in Arm ins Wetter zu schauen.

Braucht eine Liebe die Ehe?
Nein.

Wieso hast Du dann geheiratet?
Weil ich Deine Mutter liebe und vor 32 Jahren eine Familie gründen wollte.

Ihr seid nun so viele Jahre verheiratet: Wie bewahrt man eine Liebe über eine so lange Zeit?
Durch Respekt und ein starkes Gefühl der Zusammengehörigkeit.

Wie stellt man dieses Gefühl her?
Indem man seinem Partner immer wieder versichert, mit Problemen nicht alleine zu sein, und indem man einander nach Kräften unterstützt.

Gehört die Liebe für Dich zu einem glücklichen Leben dazu? Oder glaubst Du, man kann auch ohne glücklich sein?
Das kann ich mir nicht vorstellen, weil jeder jemanden braucht, von dem er sich geliebt fühlt.

Was glaubst Du, warum scheitern so viele große Lieben, wenn die Kinder aus dem Haus sind?
Weil plötzlich viele Themen, die die Gefühle gebunden haben, wegfallen und man neu lernen muss, sich aufeinander einzulassen.

Wie streitet man so, dass es die Beziehung nicht zersetzt?
Indem man die bösen Worte »immer« und »nie« und den Satz »Du schaffst das sowieso nicht« vermeidet.

Was ist der größte Fehler, den man in der Liebe machen kann?
Vertrauensbruch.

Was ist wichtiger im Leben: die Liebe zu anderen oder die Liebe zu sich selbst?
Nur wer sich selbst liebt und mit sich im Reinen ist, kann auch andere nachhaltig lieben.

Wie unterscheiden sich für Dich Liebe und Freundschaft? Oder sind das nur zwei Wörter für dieselbe Sache?
Liebe ist die Steigerung von Freundschaft.

Woran merkt man, dass eine Liebe zu Ende geht?
Keine Ahnung.

Wenn Du mir einen Ratschlag geben könntest zum Thema Liebe, welcher wäre das?
Immer den Respekt behalten und das Motto beachten: Was Du nicht willst, dass man Dir tut, das füg auch keinem andern zu.

8

Mach dich nicht abhängig!

Diesen Spruch bläut mir meine Mutter ein, seit ich ein kleines Mädchen war.

Außerdem: Verdien' immer dein eigenes Geld. Hab immer dein eigenes Konto, und solltest du heiraten – mach einen Ehevertrag.

Meine Mutter ist keine Hardcore-Feministin, aber sie war in den Achtzigern eine dieser Frauen mit riesigen Schulterpolstern, die sich breiter machten, als sie waren, die ihren Job nicht ergriffen, um ihn beim Klang der Hochzeitsglocken wieder an den Nagel zu hängen, sondern die gearbeitet, verdient, gelebt haben. Mit einer ganz neuen Erwartung an ihre Partner, nämlich: Seid da. Erzieht mit. Helft im Haushalt. Wir sind gleichberechtigt.

Dass meine Mutter so eine Frau war, hat auch die Beziehung zwischen mir und meinem Vater verändert. Eigentlich sollte er ein Patriarch werden wie sein eigener Vater, dann kam ihm seine Zeit dazwischen.

Er hat sich an der Seite meiner Mutter mitemanzipiert.

Auf jeden Fall bleibt meine Mutter für meinen Vater ein konstituierendes Element. Auch wenn ich mittlerweile eine Ahnung davon habe, wie er ohne sie, wie er vor ihr gewesen sein muss. Wie er jetzt ist, hat auch mit ihr zu tun. Mit der Frau, die sein eigener Vater für ihn gefunden hat:

Auf einer Hochzeit im Jahr 1984. Mamas Haare waren kurz und strohblond, sie war braungebrannt, trug eine türkisfarbene Brille und ein türkisfarbenes Kleid, ihre Waden waren so muskulös wie sonst nur die von Profifußballern. Sie studierte in Köln an der Sporthochschule und fuhr jeden Tag mit einem weißen Peugeot-Rennrad zur Uni, das mir Jahre später an der Bushaltestelle abhandenkam (es wurde geklaut, ich hatte es nicht angeschlossen). Meine Mutter war schon damals eine starke Frau, sie machte Krafttraining, konnte fechten, beherrschte Radwende, Aufschwung, Umschwung und hatte eine Ausbildung zur Skilehrerin gemacht. Auf alten Fotos sitzt sie mit meinem Bruder und mir im Bikini am Nordseestrand, ein Kind im linken Arm, eins im rechten, dazwischen Bauchmuskeln. Meine Mama war und ist und wird wohl für immer sportlicher sein als ich.

Nun waren an diesem Sommertag im Jahr 1984 alle auf dieselbe Hochzeit eingeladen: meine Mutter, mein Vater, seine Eltern. Und ausgerechnet mein Opa und meine Mutter standen nebeneinander an der Theke. Er sprach sie an. Er wollte wissen, wer denn diese »hübsche, selbstbewusste junge Frau« sei. Vielleicht lief gerade ein Lied von T-Rex. Papa kam vorbei, damals gerade 27 und vor Kurzem wegen Opas Krebserkankung zurück nach Hause gezogen, und sagte: »Na, mal wieder auf Brautschau für mich?« Drei Monate später machte mein Vater meiner Mutter einen Heiratsantrag.

Sie heirateten ein Jahr später. Auf den Bildern trägt meine gerade 26-jährige, strahlende Mama ein schlichtes trägerloses Brautkleid mit weitem Reifrock, in dem ich mich als Kind so gerne vorm Spiegel drehte. Über die Schultern hatte sie ein Jäckchen gelegt. Auf dem Kopf trug sie einen weißen Hut mit einem kleinen Schirm aus Spitze, mehr Accessoire als Schleier. Papa grinst sein Schelmengrinsen, um die Brust das gelb-rot-lilafarbene Band seiner Verbindung. Vor dem Haus feuerte der Nachbar Gewehrsalven.

In den folgenden Jahren versuchte meine Mutter Karriere, Kinder, Küche und Kulturclub zu vereinen. Das ging nicht ohne meinen Vater. Er holte morgens Brötchen und brachte uns Kinder in den ersten Jahren oft abends ins Bett, wenn Mama arbeiten musste. Er räumte nach dem Essen den Tisch ab und die Spülmaschine ein. Trotzdem fühlte sich Mama im Haushalt oft alleine gelassen, und sie war es auch. Nicht, weil er nichts tun wollte, aber weil er immer erst auf Anweisung handelte. Der Satz »Ich helf doch, so gut ich kann!«, den er sagte, wenn sie sich bei ihm darüber beschwerte, brachte dieses Problem auf den Punkt.

Sie wollte nicht, dass er hilft. Denn wer hilft, übernimmt keine Verantwortung. Wer hilft, trifft keine Entscheidungen.

Für meine Mutter bedeutete ihre Gleichberechtigung als Frau in erster Linie, meinen Vater dazu zu ermächtigen, die von ihm stets als weiblich wahrgenommene Sphäre rund um Haus, Hof, Kinder und Garten auch als seine eigene zu verstehen. Das war nicht nur für die beiden, sondern auch für ihr Umfeld eine Herausforderung. Meine Oma, die Mutter meines Vaters, die bei uns im Haus wohnt, konnte es kaum fassen, dass mein Vater uns eines Nachmittags zum Zahnarzt fuhr. »Unser Carl? Mit den Kindern zum Zahnarzt?«, sagte sie zu meiner Mutter. Das hätte es zu ihrer Zeit nicht gegeben. Meine Mutter kämpfte täglich für ihre eigene Gleichberechtigung. Trotzdem hätte sie sich damals nicht als Feministin bezeichnet. Es waren die neunziger Jahre, und für Feminismus stand im Deutschland meiner Eltern immer noch Alice Schwarzer. Die war radikal, und Radikalität ist nicht praktisch. Radikalität kocht kein Hühnerfrikassee zum Mittag und erst recht keine Bolognese vor der ersten Schulstunde, wischt keine Schränke aus, mäht keinen Rasen und wäscht keine Fußballtrikots. Für radikale Ansichten hatte meine Mutter mit drei kleinen Kindern und einem Vollzeitjob keine Zeit.

»Während sie fleißig Neues erschließt, hält sie zugleich am Alten fest und produziert damit ein ganzes Sortiment existenzieller Zwickmühlen (zu viel Arbeit und zu viel häusliche Verantwortung, zu viel Macht und zu viel Verwundbarkeit, zu viel Nettigkeit und nicht genug Glück).« So beschreibt die amerikanische Journalistin Hanna Rosin die Frau der Generation meiner Mutter in ihrem Buch *Das Ende der Männer* und unterstellt ihr gar einen »neapolitanischen Eroberungsdrang«.

Meine Mutter kannte es nicht anders. Ihre Großmutter war verwitwet und hatte den Bauernhof ihres Mannes übernommen. Sie war eine kernige, stolze Bäuerin. Und ihre eigene Mutter kümmerte sich um die Patienten im Wartezimmer, wenn Opa, der Arzt, sich lieber noch ein bisschen auf einem Kissen kniend um seine Agaven kümmerte oder mit einer Lupe seine Fossilien, Briefmarken, Münzen begutachtete. Im Grunde herrschten im Elternhaus meiner Mutter die Frauen.

Da war Oma, Tante Zingler, die Ende der Vierziger zwangseinquartiert wurde und fast zwanzig Jahre bei meinen Großeltern wohnen blieb, gegenüber lebten Tante Lisbeth und Tante Guste mit ihrer Haushälterin, und ein eigenes Hausmädchen gab es auch noch. Sie hielten den Laden am Laufen, das Gemüsebeet in Ordnung, Haus, Hof, Kinder, Küche. Aber sie waren auch zu dritt, manchmal sogar zu fünft. Angemessen entlohnt wurden sie trotzdem nicht.

Als meine Oma schon weit über 70 war, fragte sie mich einmal im Café Leysieffer in Osnabrück, ob man sich in ihrem Alter noch scheiden lassen dürfe, sie sei die elendigen Diskussionen übers Geld ein für alle Mal satt, sie wolle endlich selbst entscheiden, wie viel sie wofür ausgibt. »Hätte ich mal nur meinen Beruf behalten«, sagte sie. Sie war Lehrerin. Und: »Ich hatte es immer gut, aber ich habe trotzdem ein Leben in Abhängigkeit geführt.« Sie ließ sich nicht scheiden. Natürlich nicht. Was sollten die Leute denken?

Aber was bei mir damals hängenblieb, zwischen O-Saft und Kaiserpastete, war das Gefühl, dass meine Oma sich selbst versäumt hatte. Und dass mir das auf keinen Fall passieren durfte. Dieser Anspruch, es anders, vielleicht sogar besser zu machen als die eigene Mutter, eint meine Mutter und mich.

Ich für meinen Teil frage mich allerdings, wie ich das jemals schaffen soll. Es besser zu machen als meine Mama, diese Alleskönnerrundumdieuhrfrau. Ich schaffe es ja noch nicht einmal, vor acht Uhr aufzustehen. Die Erwartungen sind hoch. Zumindest steht in meinem Kühlschrank mittlerweile mehr als nur ein Glas Oliven.

–

Je älter ich werde, desto mehr entdecke ich nicht nur Steinfeld, meine Heimat, sondern auch meine Eltern in mir. Meine Mutter erkenne ich in meiner Haltung, wenn ich mit über den Kopf verschränkten Armen auf dem Sofa sitze, in der Art, wie ich Gäste begrüße, und wie ich bei Ankunft in einem Museum oder einer Gedenkstätte sofort nach den Infomaterialien suche, die mir die Architektur erklären und was hier aus welchem Grund ausgestellt ist. Ich erkenne sie darin, wie ich jemandem, den ich mag, viele kleine Küsse auf die Wange drücke, darin, wie ich streite und nicht nachgebe, bis mein Gegenüber aufgibt. Ich erkenne sie in meinem Pragmatismus, dem Spaß am Tanzen und in meinem Familiensinn, in dem Wunsch, zusammenzugehören und zusammenzuhalten.

Es hat länger gedauert, meinen Vater in mir zu entdecken, seine Spuren sind weniger offensichtlich, was vielleicht auch etwas damit zu tun hat, dass ich ihn zu lange nicht als Person wahrgenommen habe. Weshalb es mich noch mehr überrascht hat, dass es ausgerechnet seine Art zu lieben ist, die ich an mir wiederentdecke.

»Man kann auf die Liebe keine Versicherung abschließen«, sagte er in Freiburg zu mir. Dieses Wissen um ein mögliches Scheitern macht seine Art zu lieben verschwenderisch, optimistisch und radikal impulsiv.

So sehr, dass sie ihn schon nach drei Monaten in die Knie gezwungen hat zu der Frage: Willst du mich heiraten? Ich selbst habe nicht gekniet.

Aber getraut habe ich mich nach acht Monaten.

Jacqui wird für immer die Erste bleiben: Jacqui Rossi aus Florida werde ich für immer als Erste erzählt haben, dass ich Björn einen Heiratsantrag gemacht habe. Jacqui, 26, strohblond, großblauäugig, hätte fast ihre Tante bei 9/11 verloren. Deshalb interviewte ich sie an diesem Montag um ein Uhr mittags in New York, damit sie mir davon erzählen konnte, wie es für sie ist, nun im One World Trade Center zu arbeiten, im 83. Stock. Ich schwitzte trotz Klimaanlage, als ich im Empfangsbereich von *mic.com*, einem US-amerikanischen

Online-Magazin für die Millennials, auf sie wartete. »Hey, schön, dich zu sehen! Wie geht's? Du strahlst ja so!«, sagt sie, als sie mich sieht. »Du glaubst nicht, was ich gerade gemacht habe«, plapperte ich noch immer voller Adrenalin drauflos und erzählte ihr von dem Antrag. Gefangen in ihrem eigenen Amerikanischsein, fing Jacqui an zu kreischen und drückte mich so fest, dass sich einer der Knöpfe ihrer Jeansjacke in meinem Träger verfing.

Jacqui. Björn. Heiraten. One World Trade Center. Ich konnte nicht glauben, dass all diese Begriffe zusammen einmal einen Sinn ergeben würden. Dass es mein Leben war, meine Liebe, meine Frage, über die wir nun aufgeregt sprachen. Anträge, so begannen doch höchstens die Geschichten der anderen. Heiraten, das war doch nicht ich: So tun, als wäre man ein *match made in heaven*, auf einmal zu diesen Frauen werden, die nur noch über Kleidersäume, Blumenarrangements, Honeymoonsuiten auf Mauritius reden und schon ein Jahr vor dem Termin ein Save the Date rausschicken, etwas idealisieren, was nie ideal sein würde. Das hatte doch nichts mit der Frau zu tun, die sich vor wenigen Monaten aus einer Beziehung befreit hatte, die ihr viel zu eng, viel zu vorbestimmt, viel zu wenig unabhängig erschien.

Wer sprach da eigentlich?

Die, die sich genau eine Woche zuvor auf dem Stuhl, auf dem ich nun auf Jacqui gewartet hatte, überlegt hat, dass sie Björn einen Antrag machen will. Jacqui war nämlich nicht nur die Protagonistin meines Artikels, eigentlich waren wir Arbeitskolleginnen und ich die Austauschjournalistin aus Germany ohne festen Arbeitsplatz, weshalb ich oft in den petrolfarbenen Polsterstühlen des Empfangsbereichs saß.

Wie eine Woche zuvor, als ich eine Strecke auf *time.com* durchklickte mit dem Titel »The Obamas. A Love Story«: die Obamas Hand in Hand auf dem Weg zu ihrer Limousine, die Obamas im Lastenaufzug nach dem Inauguration Ball, Kopf an Kopf, nachdem er ihr seine Anzugjacke um die Schultern gelegt hatte. Die Obamas, zwei vereinte Einzelne, und ich dachte: So eine Liebe, die hab ich auch.

Ich googelte »gold jewellery Manhattan«, klappte meinen Laptop zu und fuhr auf die 47. Straße, Ecke Fifth Avenue, was man auch den »Diamond District« nennt, zu einem Goldhändler, bei dem man auch sein Zahngold versetzen kann. Ich kaufte eine Goldkette bei Maria, die eigentlich Meltem hieß, was für die amerikanischen Kunden aber zu kompliziert ist, wie sie mir erklärte. Ich verzierte die dazugehörige braune Schatulle samt goldener Kordel am Abend vor Björns Ankunft in New York mit Seiten aus dem *New Yorker*, der *Vanity Fair* und dem *T Magazine*. Wie ein Teenager verbastelte ich den Abend.

Ich verbrachte den Sommer mit einem Stipendium in New York. Nach sechs Wochen, an einem Freitag, kam Björn, um die nächsten und letzten sechs Wochen mit mir zu verbringen. Die ersten waren aufregend gewesen. Es war Wahlkampf. Trump gegen Clinton. Wie hoffnungslos naiv sich diese Monate heute anfühlen – die Barbecues auf den Dächern von Brooklyn, die Fernsehdebatten, die ich mit Hillary-Fans in einem Loft in Williamsburg mit Blick auf den East River schaute. Dazu Weißwein, Burger und das gute Gefühl, dass ein Mann, der so viel redet und so wenig sagt, niemals Präsident der USA werden könnte.

Diese Sicherheit schwand mit einer Reise nach Mechanicsburg, Pennsylvania. 99 Tage vor der Wahl. Eine Trump-Rally, über die ich für die *Frankfurter Allgemeine Sonntagszeitung* berichtete:

»Die 636 Schülerparkplätze der Cumberland High School sind voll besetzt. Ein Besucher hat mit schwarzem Stift ›Make America Safe Again. Build The Wall. Vote for Trump‹ auf das rostige Heck seines weißen Chevrolet Beretta gekritzelt. Eine Menschenschlange windet sich um die parkenden Trucks und Vans. Die Stimmung ist gut. Ein bisschen so, als warte man auf die Ankunft eines Rockstars. Irgendwie stimmt das ja auch. Alles ganz normal. Keine Hitlergrüße oder Schlägertypen.

Stattdessen fünfköpfige Familien, Highschool-Sweethearts, trainierte Jungs mit vom Wrestling zerknüllten Ohren, zu braun gebrannte Mütter, ältere Herren in Woody-Allen-Aufzug – weiße Turnschuhe, beige Chinos, schlecht sitzende Karohemden. Trump-Anhänger sind freundlich, sie zeigen einem den Weg und fragen, ob man genauso aufgeregt sei wie sie selbst. Man könnte das alles nett finden, wären da nicht die roten und tarnfarbenen Mützen mit der Aufschrift ›Make America Great Again‹, die Anstecker mit Hillary Clintons Gesicht hinter Gittern, die T-Shirts, auf denen vorne steht ›Hillary sucks but not like Monica‹ und hinten ›Trump That Bitch‹. Alle paar Minuten grölt jemand über die Weiten des Parkplatzes: LOCK HER UP! SPERRT SIE EIN!

Der Bauch der Highschool, wo es nach Chlorreiniger und Hot Dogs riecht, ist rot-weiß-blau geschmückt. So wie Trixie, 76, ein Star in Stripes: Paillettenkleid in den Nationalfarben, auf dem Kopf ein Cowboyhut mit Amerika-Flagge, an den Füßen USA-Flip-Flops, auch der Gehstock passt farblich. Wie sie da so steht, im Meer der Menschen, ist Trixie ihre ganz eigene Art von Freiheitsstatue. Ihre Zähne blenden weiß: ›Die letzten acht Jahre haben mir das Herz gebrochen! Ich liebe Donald Trump!‹ Sie fasst sich an ihren großen Busen.

Trumps Wahlkampfveranstaltung entfaltet sich nach dem Prinzip eines Horrorfilms. Der erste Schritt in Richtung Abgrund ist fast immer das Etablieren einer Normalität, die keine sein kann. Und die am Ende das Übel gebiert. Bis man allmählich realisiert: Das Übel nimmt keine Gestalt an, weil es längst da ist, zwischen den Menschen. David Bowie singt aus den Lautsprechern: Run for the shadows in these golden years. ›This is not America‹ hätte besser gepasst. Wo sind die Schwarzen, die Hispanics, die Asian-Americans?

Überall hängen US-Flaggen, es werden Skittles gegessen, es wird Mountain Dew getrunken, aber wo ist Amerika? Als Donald Trump die Bühne betritt, läuft *Highway to Hell.*«

Ein chinesisches Sprichwort besagt, »Mögest du in interessanten Zeiten leben«. Das tat ich in diesen Monaten in den USA. Ich hatte zu tun. Ich lernte jeden Tag etwas Neues. Aber ganz angekommen bin ich nie. Manchmal spürt man die Einsamkeit ja besonders, wenn man unter vielen ist.

Ich hatte Björnweh.

Noch nie hatte ich jemanden so vermisst. So, dass es sich wie Heimweh anfühlt, dass die Sehnsucht körperlich wird, sich in Bauchschmerzen und Müdigkeit verwandelt. Sie war unausweichlich, ließ mir keine Pause. Sie wiegte mich in den Schlaf und weckte mich wieder auf. Sie war immer da. Er war immer da. Bis er da war.

Er landete an einem Freitagnachmittag. Den Morgen hatte ich im Unterwäschegeschäft, im Supermarkt, im Weinhandel verbracht. Die Mittagsstunden vorm Spiegel, in schwarzer

Unterwäsche, in weißer Unterwäsche, im schwarzen Spaghettiträgerkleid ohne BH, im weißen Etuikleid mit BH, im grün gemusterten Rock, im weißen Hemdblusenkleid.

Ich stand vorm Spiegel, während die Hitze des Tages langsam durch die Fenster kroch.

Ich entschied mich fürs weiße Kleid mit der schwarzen Unterwäsche und steckte die Schatulle mit der Verlobungskette in eine kleine Plastiktüte in das Seitenfach meiner braunen Lederhandtasche. Die Kette begleitete mich zum Flughafen JFK. Und die nächsten drei Tage zum Gyoza-Imbiss um die Ecke. In die U-Bahn. Zum Brooklyn Pier Park. Zum Frühstück in der Lower East Side. Durch SoHo und NoHo und Chinatown.

Björn würde später sagen, dass ich verändert wirkte an unseren ersten gemeinsamen Tagen in New York. Glücklich, aber seltsam abwesend. Als hätte ich was auf dem Herzen. Ich streifte die Schatulle jedes Mal, wenn ich mein Portemonnaie hervorzog, und erinnerte mich daran, dass ich diesem Mann, den ich doch erst so kurz kannte, fragen wollte, ob er sein Leben mit mir verbringen will. Ohne je zusammengewohnt zu haben. Ohne Geld auf dem Konto für eine Hochzeit. Ohne je den Plan gehabt zu haben, zu heiraten.

Er ahnte etwas und fragte: »Du willst doch nicht etwa, dass ich dir einen Antrag mache?« Ich: »Nein, das kann ich schon selbst!« Themawechsel.

Montagmorgen ging es wieder ums Heiraten, und plötzlich sagte er: »Mareike, nein. Du willst mir doch, willst du mir einen Heiratsantrag machen?« Björn hat vor zehn Jahren, nach der Scheidung seiner Eltern, auf ein Post-it geschrieben: »Ich werde niemals heiraten.« Ich fragte trotzdem.

Er sagte Ja.

Ich glaube nicht an die Ehe. Ich glaube nicht an das Weltbild, das dahintersteht. Mir gefällt es nicht, dass der Staat sich über die Institution Ehe Zugang zu meinem Privatleben verschafft. Eine Liebe muss man nicht beurkunden. Außerdem bedeutet die Bevorteilung von Verheirateten immer auch die Benachteiligung von Familien, die nicht dem traditionellen Vater-Mutter-Kind-Modell entsprechen, in dem ich selbst aufgewachsen bin.

Die Traditionen, die damit einhergehen, gehören gebrochen, nicht gepflegt: der Schleier, der Jungfräulichkeit und Demut vortäuscht, wo keine mehr ist; die Übergabe der Braut an den Mann durch den Brautvater, obwohl kein Vater mehr Herr über seine Tochter ist oder sein sollte, und erst recht nicht der Mann, den sie heiratet.

Ich glaube auch nicht an die eine große Liebe. Jede meiner Lieben war groß, die zu Paul, dem Berliner, auch die zu Magnus. Sie sind trotzdem irgendwann zu Ende gegangen, zerbrochen an unseren Ansprüchen und Erwartungen und daran, dass wir nicht akzeptieren wollten, dass Menschen sich verändern.

Der amerikanische Harvard-Professor Daniel Gilbert sagte in seinem Ted-Talk, dass Menschen »Work in progress« seien und fälschlicherweise glaubten, sie seien fertig. Niemand ist je fertig.

Meine Großmutter hat noch mit Ende 70 gelernt, wie man mit Aktien handelt, und von da an ihre Nachmittage mit den Börsenkursen auf n-tv verbracht, statt mit *Sturm der Liebe*. Wäre Opa damals noch bei Sinnen gewesen, er hätte seine Frau wahrscheinlich nicht wiedererkannt.

Und weil der Mensch sich in seinem Leben immer weiter

findet und auch mal wieder verliert, bleibt keine Beziehung, wie sie einmal war. Beziehungen entwickeln sich mit den Menschen, die in ihnen stecken. Diese Veränderungen kann man annehmen oder eben nicht. Heutzutage muss sich keiner mehr mit einer großen Liebe zufriedengeben. Man kann mehrere haben.

Trotzdem glaube ich an eine Chance auf Ewigkeit. Auch wenn ich weiß, dass viele Statistiken und Erfahrungen dagegensprechen. Aber vielleicht kann ich daran glauben, weil ich das Versprechen, das wir uns gegeben haben, nicht zu einem Happy Ever After verkläre, zu einer Garantie auf das Glück, bis dass der Tod euch scheidet. Jedenfalls noch nicht. Weil ich um die Exit-Strategie weiß, die sich wohl jeder von uns beiden zurechtgelegt hat. Ist das unromantisch?

Wenn Romantik bedeutet, blind für das Leben zu sein, dann ja. Vielleicht lohnt sich aber auch, darüber nachzudenken, was eine Liebe überhaupt leisten kann und leisten muss.

Unsere Vorstellung von Liebe ist immer vom Anfang her gedacht, von dem Punkt der Geschichte, an dem auch Björn und ich uns befinden. Filme, Zeitschriften, Bücher, sie alle erzählen uns von der Liebe als einer Linie, die vielleicht ein paar Kurven beschreibt, aber doch auf ein Ziel hinläuft. Das Ziel ist das Happy End. Es funktioniert im Film, weil er nach 90 Minuten tatsächlich zu einem Ende kommt.

Aber das Leben endet nicht nach der Eroberung, den ersten Monaten, dem Zusammenziehen, einem Kind und erst recht nicht mit einer Hochzeit in Weiß. Es geht immer weiter. Gnadenlos bricht jeden Morgen ein neuer Tag an, der weitere Überforderungen birgt, aber eben auch die Chance, alles anders zu machen. Sich verlieben ist leicht. Zu lieben, und zwar auf Dauer, ist eine Zumutung. Meine Mama hat früher immer gesagt: »Beziehungen sind Arbeit.«

Ich habe mich lange dagegen gewehrt, diesen Satz zu akzeptieren. Wieso sollte etwas Arbeit sein, das von Herzen kommt? Aber letztlich ist Arbeit ja nur ein anderes Wort für die Energie, die man aufwendet, um all die kleinen Rädchen anzukurbeln, die eine Partnerschaft in Bewegung halten. Man könnte den Satz ja auch umformulieren: Liebe ist Alltag. Obwohl das für manche Menschen wahrscheinlich noch schrecklicher klingt.

Der Alltag ist vielleicht das größte Wagnis, das man als Paar eingehen kann. Schließlich kommt es im Leben nicht auf die in Szene gesetzten Instagram-Momente an und auch sicher nicht auf eine Hochzeit mit Blumenbouquets und Candy Bar und Fotoautomaten, sondern auf all die Momente, für die keiner je die Kamera zückt, auf das Händchenhalten beim Zähneputzen im Bad, den Blick, den man sich zuwirft, wenn der andere in einem Small Talk feststeckt, das Sich-Kabbeln und Sich-dann-einig-Werden, was man abends auf Netflix guckt, dass Mama und Papa jeden Morgen miteinander telefonieren, wenn einer von beiden alleine im Urlaub ist.

Darauf, sich für jemanden zu entscheiden und zu der Entscheidung zu stehen, auch wenn alle anderen samstagabends im Club oder am Bartresen nach etwas Besserem suchen. Das immer wieder für überholt erklärte Konzept der Monogamie auf Lebenszeit für sich selbst neu zu erkunden und es vielleicht auch mal für eine Zeitlang zu verwerfen, wenn beide sich einig sind.

Björn einen Heiratsantrag zu machen, dafür gab es keinen vernünftigen Grund. Es gab das positive Beispiel der Ehe meiner Eltern. Davon abgesehen sprach meine ganze Lebensführung dagegen. Nicht zuletzt Mamas Spruch, »Mach dich nicht abhängig!«, den sie stets aufs Finanzielle bezogen hatte, der für mich nach all den Jahren aber auch bedeutete: unabhängig zu bleiben, und zwar jeden Tag.

Ich wollte mich nicht an- oder abmelden, niemandem rund um die Uhr per SMS zur Verfügung stehen müssen. Ich wollte keine Rechenschaft ablegen, wenn ich betrunken meinen Schlüssel im Schloss der Hoftür abbrach, mir den Fuß umknickte und danach eine Stunde lang bitterlich über die Schicksalshaftigkeit dieser Verletzung weinte und darüber, dass mein Fuß nun für immer die Ausmaße eines Elefantenfußes haben würde. Ich wollte mich nicht rechtfertigen, wenn ich eine Delle ins Auto fuhr, im Bett meine Fingernägel lackierte, den Kaffee erst trank, wenn er lauwarm war, wenn ich freitagabends lieber mit meinen Freundinnen Wein trinken gehen wollte und nicht mit meinem Freund ins Kino, obwohl die Fernbeziehung eigentlich keine Zeit für andere Leute zuließ. Ich wollte nicht, dass mein Leben einem Wir zum Opfer fällt.

Ich hatte mir vorgenommen, mich deshalb immer vorn anzustellen und mich zu trennen, falls mir das nicht gelingen sollte. Jeder stirbt für sich allein, das sollte mein Motto sein. Weil Rücksichtnahme bremst und Absprachen lähmen. Durchgehalten habe ich das nicht. Denn woran bemisst sich der Wert eines Lebens, wenn nicht an der Zeit, die man mit den Menschen verbringt, die man liebt. Auch wenn sie einem manchmal im Weg stehen.

Außerdem gab es einen weiteren guten Grund für einen

Testlauf auf Ewigkeit, und der steckte kurz unter meinem Rippenbogen: ein Gefühl, ein Ziehen im Bauch, das ich spüre, seit ich ihn küsse. Der Wunsch, zusammen ein Kind zu kriegen, einen Menschen, der wir beide ist.

Ich wusste immer, dass ich Kinder will. Ich wollte immer Mutter werden. Am liebsten dreimal, so wie ich es von zuhause kannte. Weil es alleine zu einsam, zu zweit zu einseitig und zu dritt genau richtig war, mit einem Bruder in Reserve. Zumal meine Brüder sehr unterschiedlich sind. Der eine groß, dünn, sensibel, stur. Der andere einen Tick kleiner, breiter, muskulös, pragmatisch, stur. Sie leben zwei völlig verschiedene Leben.

Der eine als Künstler, der andere als Landwirt. Und dann bin da noch ich. Wie meine Eltern es geschafft haben, drei so unterschiedliche Kinder nicht nur auf die Welt, sondern in die Welt zu bringen, uns jeweils ohne Vorurteile oder Geraderückenwollen ins Leben zu begleiten, ist mir noch immer ein Rätsel.

Bis ich Björn traf, dachte ich, Kinder zu wollen und zu kriegen, sei eine rationale Angelegenheit. Eines Tages sei man eben weit genug im Job, habe genügend Geld zur Seite gelegt und sei sich als Paar darüber einig, dass ein Kind zwar eine lebenslängliche Überforderung sei, man es aber nun doch bald in seinen Alltag hineinquetschen könnte. Der Wunsch als Entscheidung. Die Schwangerschaft als Projekt. Ein Kind als nächstes To-do auf der Lebensplanungsliste.

Nun hat der Kinderwunsch mich überfallen, plötzlich und ohne Vorwarnung, wie dieses Gefühl, das man kriegt, wenn man mit zu viel km/h über einen Buckel fährt, so ein sanftes Zwirbeln im Bauch, wenn die Physik den Wagen in die Höhe treibt. Eigentlich spricht nichts in unseren Leben gerade dafür; wir sind beide nicht festangestellt, wir leben ja noch nicht einmal in derselben Stadt. Aber mein Körper lässt sich von solchen Details nicht ablenken.

Dieses Kinderbauchzwirbeln war für mich einer der wenigen wirklichen Frauenmomente in meinem Leben. Ein Moment, von dem ich glaube, dass Männer ihn so nicht haben, auch wenn sie natürlich ebenfalls einen Kinderwunsch verspüren können. Ich vermute aber, dass es sich für sie anders anfühlt. Einfach, weil mit dem Kinderkriegen für sie keine physische Veränderung einhergeht. Keine Übelkeit, kein Bauch, keine Wehen, keine Geburt, kein Stillen, keine Beobachtungen wie »In mir wächst was!« und »Verdammt, wie hat das da reingepasst?«.

Männer haben sicher andere Gefühle und Einsichten. Wir hatten zuhause einmal eine Diskussion zu Mutter- und zu Vaterliebe und wie sich die beiden unterscheiden. Meine Mutter hat vehement darauf bestanden, dass Mütter eine stärkere Bindung zu ihren Kindern haben als Väter. Eben weil sie sie in sich getragen haben. Papa protestierte. Er fühlte sich davon angegriffen, in dieser Frage als Mann biologisch im Nachteil sein zu sollen. Er wollte Mamas Argument nicht akzeptieren. Und er akzeptiert bis heute nicht, dass er uns angeblich seiner Natur wegen weniger stark liebt als meine Mutter.

Ein Glück. Ich glaube nämlich, dass diese Einstellung viel damit zu tun hat, wie er als Vater war und ist. Mit seinem Verantwortungsgefühl, mit seiner Sorge, mit der Tatsache, dass er es mir gestattet, dieses Buch über uns zu schreiben.

Meinen ersten »Frauenmoment« hatte ich allerdings, als ich gerade ein Mädchen war, das die Spice Girls mochte, sich die

Haare so rot färbte wie ihre beste Freundin Linda, Trägertops in hellblauem Camouflage trug, unbedingt einen Jack-Russel-Terrier wollte und an ihrem Computer nachmittagelang Whitney-Houston-Songs einsang: Als ich meine Tage bekam und heulend im Bett lag, weil ich nicht wusste, woher diese Schmerzen kamen, die mich von innen zu zerreißen schienen.

Als ich das letzte Mal Blut in der Unterhose hatte, war ich noch in der Grundschule und mit Papas Fahrrad auf dem Hof unserer Nachbarn im Kreis gefahren. Das Fahrrad war viel zu groß für mich, ich rutschte mit meiner Sandale auf dem Pedal aus und knallte auf die Stange.

Mama war nicht zuhause und Papa fand mich wenig später weinend auf der obersten Treppenstufe im Hausflur. Er tröstete mich, wusste aber auch nicht so recht, was er tun sollte, setzte sich neben mich und sagte, »Zieh dir erst mal eine frische Unterhose an. Mama kommt dann gleich, die weiß, was zu tun ist.« Ich schämte mich, obwohl ich gar nicht so richtig wusste, wofür. Wir warteten vorm Fernseher, vor den wir uns noch Jahre später setzten, wenn wir nicht wussten, worüber wir reden sollten.

Als ich meine Tage bekam, war Mama zuhause. Sie saß auf der Terrasse und korrigierte Klausuren. Als ich ihr erzählte, was los ist, wollte sie mir zeigen, wo sie die Binden und Tampons verwahrte, was ich natürlich wusste, weil ich aus Langeweile oft ihre Schubladen durchwühlt hatte. Also fragte sie mich, ob sie mir nun erklären solle, wie das funktioniert, mit den Bienchen und den Blumen. Das sollte witzig sein. Ich verneinte.

Ich kann mich nicht erinnern, je mit meinem Papa über

meine Periode, über Verhütung oder gar über Sex gesprochen zu haben. Er ist auch kein Mann, der anzügliche Scherze macht, so wie ich das von manch anderen Vätern kenne. Scham ist ein mächtiges Gefühl. Und die Scham für die eigene Scham hatte in der Pubertät für mich und meinen Vater eine regelrecht zersetzende Wirkung.

Mit 15 wollte ich auf keinen Fall, dass er wusste, was Paul und ich machten, wenn wir alleine waren. Ich lernte ja selbst gerade erst, mit mir und meinem Körper zurechtzukommen. Für mich war es undenkbar, ihn in diese Fragen, Neuigkeiten und die vielen Selbstzweifel einzuweihen. Für solche Themen war Mama zuständig. Wenn überhaupt. Das meiste machte ich eh mit meinen Freundinnen aus.

Mit 16 dachte ich einmal, ich wäre schwanger, weil mein Bauch puckerte, wenn ich auf dem Rücken lag. Nachmittags nach der Schule wälzte ich mich stundenlang im Bett, hörte Incubus, spürte dem Puckern nach, klopfte auf meine Bauchdecke und stellte mir vor, wie eine kleine Embryofaust zurückklopft. Ich steckte meinen Kopf unters Kissen, samt Telefonhörer, und rief meine Freundin Hanna an, auch sie wusste nicht, was das Puckern zu bedeuten hatte. »Vielleicht mal einen Test machen?« Einen Test? Hier im Haus? Was ist, wenn Mama den findet?

Ich bekam Schiss und wollte Mama fragen, ob sie wisse, was dieses Pochen zu bedeuten habe, ganz unverfänglich, wie jede andere Kinderfrage, schließlich hatte sie das Ganze schon dreimal mitgemacht. Aber ich war kein Kind mehr, ich stellte keine unvermittelten Fragen mehr. Ich traute mich nicht. Ich wollte auf keinen Fall, dass sie denkt, ich sei schwanger. Außerdem wusste ich, dass sie Papa abends davon erzählen würde. Weil sie ihm immer alles erzählte.

Wie sollte ich je wieder neben ihm am Abendbrottisch Platz nehmen?

Keine Teenie-Mom zu werden, war das oberste Gebot meiner Generation. Es galt, die absolute Kontrolle über den Körper zu erlangen und zu behalten. Die Pille ermöglichte das. Puckernde Bäuche waren nicht vorgesehen. Google klärte mich später darüber auf, dass das Pochen nur meine Hauptschlagader gewesen war. Aber diese Verheimlichungen im Kleinen sind es, die nicht nur das Verhältnis zwischen Vater und Tochter in diesen Jahren so schwer machen, sondern auch etwas über das Verhältnis von Männern und Frauen im Großen erzählen.

Die Pubertät ist die Zeit der Picasso-Jahre: Erst ist die Nase zu groß, die Stirn hingegen noch nicht hoch genug, dann fetten die Haare, als wären sie frisch gegelt, die Zahnspange wird montiert und dann noch die Pickel – es ist, als ob einen jeden Tag jemand anderes aus dem Spiegel anschaut. Manchmal werden auch meine Eltern mich kaum wiedererkannt haben. In diesen Jahren gehörte ich einfach ein wenig mehr zu Mama. Von ihr lernte ich, was es bedeutet, eine Frau zu sein. Von ihr lernte ich, wie man sich schminkt, ich las in ihren Zeitschriften, mit ihr schaute ich abends *Verliebt in Berlin*, ich begleitete sie zu Oma, zum freitäglichen Drei-Generationen-Klatsch, am Wochenende fuhren wir gemeinsam nach Osnabrück zum Shoppen. Ich schleppte sie zu H&M und Bijou Brigitte, danach aßen wir ein Stück Pizza bei Pizza Hut oder eine Backkartoffel im Stadtgespräch.

In diesen Jahren wurde ich vom Kind zum Mädchen und vom Mädchen zu einer jungen Frau, die sich auch als solche identifizierte. Ich wollte schön sein und machte mit meinen Freundinnen leicht bekleidete Modelfotos im Jugendzimmer.

Den zweiten Frauenmoment hatte ich, als ich das erste Mal nach dem Sex von einem Mann einfach so im Bett zurückgelassen wurde. Ohne Umarmung, ohne Kuss. Aufstehen. Fertig. Es war nichts Schlimmes passiert. Aber da war eben keine Zärtlichkeit, keine Verbundenheit.

In diesem Moment hatte ich das Gefühl, jemanden in mich hineingelassen zu haben, der das Hineinbitten nicht verdient hat. Auch kein Thema, das ich mit meinen Eltern und erst recht nicht mit meinem Vater besprechen wollte.

Den dritten Frauenmoment hatte ich, als ich auf dem Kottbusser Damm an einem helllichten Sonntag von einem Mann angepeilt wurde, dessen Pupillen so groß waren wie zwei Blaubeeren. Er kam schnurstracks auf mich zu, ich wich aus, und er raunte: »Ich liebe Sex!« Geschockt drehte ich mich um und schrie ihm hinterher, was ihm einfallen würde, Arschloch, und dass er sich verpissen soll, »Fick dich!«.

Ich fühlte mich im Recht und sicher im Tageslicht, zwischen all den Leuten, die vorbeikamen, vor der Bäckerei saßen und Kaffee tranken. Doch auch der Mann mit den Blaubeeraugen drehte sich um, kam ein paar Schritte auf mich zu und schrie: »Ich fick dich so hart in den Arsch, dass du nie wieder aufstehst, du scheiß Schlampe!« Wir standen zwanzig Meter voneinander entfernt, er leckte sich die Lippen und führte vor, was er alles mit mir machen würde. Niemand reagierte. Niemand. Keiner der Männer, keine der Frauen, keiner der Hipster drum herum. Eigentlich wollte ich Geld holen, stattdessen marschierte ich schnell an der Bank vorbei, aus Angst, dass er mich in einen geschlossenen Raum verfolgen würde.

In diesem Moment, auf offener Straße, fühlte ich mich so dreckig, so beschmutzt. Es ist nichts passiert, und doch war ich diesem Mann, der Situation, schutzlos ausgeliefert. Wieso hat keiner etwas gesagt? Waren die Männer, die dort herumstanden nicht auch Brüder, Väter, Großväter?

Dieser Gedanke brachte mich zurück zu meinem Vater. Er hätte bestimmt etwas gesagt, das sicher nicht so stehengelassen, sich breit gemacht, glaube ich, muss es glauben. Trotzdem ertappe ich mich dabei, wie ich auch ihn für solche Vorfälle in die Verantwortung ziehe, weil sie etwas mit Männern an sich zu tun haben. Mit der Benachteiligung, der Reduzierung, der Marginalisierung, die ich als Frau in Momenten wie diesen spüre. Oder wenn mir jemand in der Supermarktschlange zu nahe kommt. Oder im Bus. Oder in der U-Bahn. Oder im Club. Oder oder oder.

Jede Frau hat hunderte dieser Beispiele parat – und die meisten davon wahrscheinlich sogar verdrängt. Weil es für uns normal ist, uns umzuschauen, bestimmte Gegenden zu meiden, jemanden anzurufen oder zumindest so zu tun, wenn wir alleine nachts nach Hause laufen, den Haustürschlüssel in der Jackentasche zwischen Zeige- und Mittelfinger geklemmt, bereit, ihn einem Angreifer in den Bauch zu rammen.

Als Donald Trump zum Präsidenten der Vereinigten Staaten gewählt wurde, wurde dieses alltägliche Unbehagen zu einem politischen. Diese Wahl ging mich auch als Frau an. Ich weinte, weil die Amerikaner sich in meinen Augen für ihn als Mann und gegen Hillary Clinton als Frau entschieden hatten. Ich weiß, dass es viele andere Deutungen gibt. Für mich aber wurde mit Donald Trump, dem *pussygrabber*, die Menschlichkeit und damit auch die Gleichbehandlung von Mann und Frau abgewählt.

In diesen Momenten weiblicher Ohnmacht ziehe ich alle Männer in die Verantwortung, auch die Männer, die ich liebe, meinen Vater, meine Brüder, meine Freunde. Deshalb habe ich eines Abends Björn und meinen Freund Sebastian beim *Tatort*-Gucken dafür verantwortlich gemacht, dass noch immer Vergewaltigungen im Fernsehen gezeigt werden, zur besten Sendezeit. »Wisst ihr eigentlich, was das für Frauen bedeutet, dass man sich das immer wieder angucken muss? Wisst ihr überhaupt, in was für einer Angst jede Frau lebt, dass ihr das passieren könnte, und wie viele von uns schon Opfer von sexueller Gewalt geworden sind? Wieso macht ihr Männer das? Wieso tut ihr uns das immer wieder an? Das wird doch nur gezeigt, weil da überall Männer in den Sendern sitzen, die das geil finden, weil ihnen die Frauen doch sonst schon alles wegnehmen. Ist das eure Rache?«

Der Streit, der daraus entbrannte, dauerte den ganzen *Tatort* lang.

Ich habe Björn selten so wütend gesehen. Er fand es unfassbar, beleidigend und völlig daneben, dass ich ihm so etwas Verallgemeinerndes an den Kopf warf, dass ich ihn mit meiner Bemerkung zu einem dieser Tätermänner machte. Ich habe das eingesehen. Ich habe mich entschuldigt. Ich weiß, dass es nicht »die Männer« und »uns Frauen« gibt. Dass diese Dichotomie keiner Überprüfung standhält. Vor allem nicht mehr heute. Jedes Mal, wenn man die Welt pauschal beschreibt, tut man jemandem Unrecht.

Aber manchmal komme ich doch nicht umhin, die Verhältnisse, die nach wie vor herrschen, auch den Männern in meinem direkten Umfeld vorzuwerfen, mich zu fragen, ob sie genug dafür tun, dass sich etwas an der strukturellen Benachteiligung von Frauen ändert.

Vielleicht habe ich mich auch deshalb meiner Mutter immer näher gefühlt als meinem Vater. Weil sie den Kampf für die Rechte der Frau auf ihre Art geführt hat und in gewisser Weise auch gegen die Männer ihrer Generation, gegen Papa. Ich weiß, dass es auch genug Frauen gibt, die nichts für die Gleichberechtigung tun. Die Top Girls zum Beispiel, die weiß, privilegiert, gebildet und erfolgreich sind und glauben, der Feminismus habe sich selbst abgeschafft. Das entschuldigt das fehlende Engagement der alten und der zukünftigen Väter aber nicht, sondern macht es im Gegenteil noch dringlicher. Schließlich lebt jede Struktur von der Vielzahl derer, die sie aufrechterhält.

Von: Mareike Nieberding
An: Papa
Re: Lebensfragen | Leben & Tod

Wie hast Du Dir mit 18 Deine Zukunft vorgestellt?
Da hatte ich gar keine richtige Vorstellung.

Gibt es etwas, das Du bereust, nicht getan zu haben?
Nein.

Gibt es etwas, das Du bereust, getan zu haben?
Nein.

Was gehört für Dich zu einem guten Leben dazu?
Familie, Freunde, ein Beruf, der Spaß macht und Zufriedenheit erzeugt.

Wovon träumst Du für die Zukunft?
Noch lange mit Spaß arbeiten zu können und gesund zu bleiben.

Hast Du alles erreicht, was Du erreichen wolltest?
Ich denke, dass ich das, was möglich war, erreicht habe.

Welchen Menschen, den Du verloren hast, vermisst Du am meisten?
Niemanden.

Wenn Du noch mal ganz von vorne anfangen könntest, was würdest Du anders machen?
Wahrscheinlich würde ich in der Schule mehr tun.

Worauf kommt es an im Leben?
Dass man mit sich im Reinen ist.

Woran merkst Du, dass Du älter wirst?
Ich verspüre eine stetig wachsende Gelassenheit.

Wie verändert sich das Leben, wenn man weiß, dass man den größten Teil hinter sich hat?
Überhaupt nicht.

Du rauchst seit fast fünfzig Jahren. Wieso hörst Du nicht auf?
Weil es gut schmeckt und ich mich sehr gesund fühle.

Hast Du keine Angst, alles zu verpassen? Zu sterben, bevor Deine Enkelkinder auf die Welt kommen? Wie Dein eigener Vater?
Nein.

Welche Länder und Orte möchtest Du noch sehen, welche Wünsche Dir noch erfüllen im Leben?
Wünsche bedeuten, von etwas zu träumen. Ich habe gelernt, dass Träumen nichts bringt. Also konzentriere ich mich lieber auf erreichbare Dinge.

Was, glaubst Du, kommt nach dem Tod?
Wohl nichts, ich habe noch keine Info von drüben.

9

Jeden Donnerstag geht mein Vater zum Singen. Zusammen mit seinen zwei besten Freunden. Lange dachte ich, sie würden in die Kirche oder ins Kolpinghaus gehen, zum Männerchor. Nur sah ich keinen von ihnen je an Weihnachten mit den anderen Graumelierten ihre Lippen zu »Macht hoch die Tür, die Tor macht weit« bewegen. Sie sangen nicht. Sie trafen sich zum Biertrinken.

Das Singen ist ihr wöchentlicher »Toni Erdmann«-Moment. Sie setzen sich keine Perücke auf. Sie stecken sich keine falschen Zähne in den Mund. Sie fliegen nicht nach Rumänien. Aber sie gönnen sich einen Abend, der nur ihnen gehört, eine Flucht aus dem Familienalltag, einen kleinen Scherz am Rande.

Mein Vater hat eine ganze Schublade voll solcher Scherze. Dad Jokes. Eigentlich sind es eher Sprüche. Je nach Situation zieht er einen davon hervor, ein bisschen so, als würde er einen alten Socken rauskramen, der mal weiß war und nun graurosa ist. Verwaschen sind nämlich auch die Sprüche. Zum Beispiel der, den er immer klopft, wenn er eine zu stark gebräunte Frau sieht – dass man aus ihrer Haut auch eine Damenhandtasche mache könne.

Humor ist humorvoll, wenn er eine Grenze überschreitet und sich die Lachenden darauf verständigen können, gemeinsam auf der einen Seite dieser unsichtbaren Grenze zu stehen. Sich im Lachen vereint zu wissen, entspannt. Hat man genug Selbstironie, kann man auch auf der anderen Seite stehen. Humor ist ein Werkzeug: um sich zu verbinden, sich abzusondern, sich zu befreien.

Für den deutschen Schriftsteller Oskar Maria Graf, der 1934 erst nach Prag und dann in die USA emigrierte, war Humor viel mehr: »Man braucht Humor, um sich zu verteidigen.« Man braucht Humor zum Überleben. Der Kabarettist Gerhard Polt hat diesen Graf-Satz in einem *Spiegel*-Interview erweitert: »Man braucht Humor immer, wenn man machtlos ist. Der Tod, die CSU, der FC Bayern, das sind alles Sachen, da ist man scheinbar machtlos. Also was macht man? Man macht einen Witz. Humor ist keine Waffe. Es ist eher die Möglichkeit, sich selbst ein bisschen zu befreien, wenn die Autoritäten drücken.«

Stellt man in Polts Reihe von Tod, CSU und FC Bayern noch die Emanzipation, dann versteht man vielleicht, wie dieser Satz mit meinem Vater, seinen Kumpels und dem donnerstäglichen Singen zusammenhängt. Und obwohl es mir schwerfällt, die Emanzipation mit der CSU zu vergleichen, glaube ich, dass sich ihre Konsequenzen für Männer, die heute um die 60 sind, tatsächlich manchmal so schmerzhaft anfühlen wie für mich die Reden von Horst Seehofer – eben wie das Drücken einer Autorität.

Als ich meinen Vater einmal fragte, ob er sich als Feminist bezeichnen würde, wusste ich, dass er Nein sagen würde. Auch viele Frauen seiner Generation fremdeln mit diesem Begriff. Seine Antwort hat mich dann aber doch überrascht: »Ich bin für Gleichberechtigung, aber nein, Feminist bin ich nicht. Das ist mir viel zu anti. Feministin, Feminist, Feminismus, für mich meint das immer ›gegen Männer‹.« Für ihn ist das Wort Feminismus nicht nur ein politischer Kampfbegriff, sondern eine Kriegserklärung an die Männer. Er fühlt sich gegenüber den Feministinnen und dem Feminismus, ohne den es weder die Emanzipation der Frau noch Gleichberechtigung gibt, in der Defensive. Wer in der Defensive ist, muss sich verteidigen. Und nach Graf und Polt tut er das eben nicht selten mit Humor.

In diesem Sinne ist auch das donnerstägliche Singen zu verstehen. Weil mein Vater und seine Kumpels eben nicht wie ihre eigenen Väter sagen können: »Ich geh jetzt zum Skat. Donnerstagabends findest du mich von nun an in der Kneipe.« Weil sie ihre Frauen »Chefinnen« nennen, was ironisch klingt, aber verdammt ernst gemeint ist. Deshalb glückt ihnen jedes Mal, wenn sie mit ihrem Alt-Bier anstoßen, ein kleiner Scherz auf Kosten ihrer Frauen.

Ich habe lange gebraucht, bis ich meinem Vater diese Fluchten und Scherze zugestehen konnte. Ich versuche großzügiger zu sein. Aber es fällt mir schwer. Nicht nur, weil die Frauenscherze auch auf meine Kosten gehen. Sondern auch, weil dieser Verteidigungswallhumor verhindert, dass man offen und ehrlich über seine Bedürfnisse spricht. Vielleicht sind so viele Männer im Privaten lieber lustig als ernst, damit sie nicht über das reden müssen, was hinter dem Humor lauert. Weil man im Spaß keine Verantwortung übernehmen muss.

Denn Papa ist mit dieser Art von Humor ja nicht allein. Und ich bin nicht allein mit dem Unbehagen. Der bekannteste Erzähler von Dad Jokes, dieser komischen Zwitterform aus Scherz und Spruch, Lebensweisheit und Schenkelklopfer, ist Barack Obama. Ehemaliger Präsident der Vereinigten Staaten, Weltenlenker und Vater von zwei Töchtern, die, deute ich ihr Augenrollen bei öffentlichen Auftritten richtig, genauso wenig begeistert vom Humor ihres Vaters sind wie ich vom Humor meines Vaters. Auch sie wollten nicht jedes Jahr zu Thanksgiving denselben Truthahn-Scherz hören. Genauso wenig, wie ich wollte, dass mein Papa auf meinem Abiball mit rudernden Armen zu »Hey Baby« von DJ Ötzi tanzt. Ich fand das unangemessen, auf eine seltsame Art unmännlich, albern.

Aber wer hat eigentlich gesagt, dass erwachsene Männer nicht albern sein dürfen? Dass nicht auch sie es als befreiend empfinden sollten, sich hin und wieder lächerlich zu machen? Zumal im Kreise ihrer Familie, den Menschen, die einen vermeintlich am besten kennen und am wenigsten nachtragen. Gerade in diesem geschützten Raum sollte das möglich sein. Eigentlich.

Meiner Mutter gestatte ich nämlich dumme Witze. Sie erzählt am liebsten den von Fritzchen, der aus der Schule kommt und von seiner Mama gefragt wird, wie es war. »Gut«, sagt er, »wir haben mit Sprengstoff experimentiert.« Fragt die Mutter: »Und, was macht ihr morgen in der Schule?« Sagt Fritzchen: »In welcher Schule?« Das fand ich witzig. Aber über Papas Scherze wollte ich nicht lachen. Vielleicht auch, weil Menschen in ihren Scherzen immer etwas von sich preisgeben. Etwas, das sie sonst verbergen können. Und vielleicht wollte ich den Teil von Papa gar nicht sehen – seine derben, grenzüberschreitenden, manchmal auch politisch unkorrekten Seiten. Ich muss verdammt unlustig gewesen sein als Teenager und junge Frau. Bin es womöglich noch immer. Vor allem Männern gegenüber. Fair ist das nicht.

Meine Freundinnen und ich machten die schlechten Witze schließlich auch, nicht selten über Männer. Genauso wie ich das Reifenwechseln und Internetanschließen meinem Partner überließ, aber darauf bestand, dass ich ihm aus emanzipatorischen Gründen weder das Hemd bügeln noch ein Brot schmieren konnte.

Sich selbst als Feministin zu verstehen, heißt noch lange nicht, dass man es schafft, den Männern denselben Respekt im Umgang mit ihren Schwächen und Gefühlen zuzugestehen, wie man es andersrum von ihnen erwartet. Für mich bedeutet Feminismus, dass jeder Mensch unabhängig von seinem Geschlecht, seiner Sexualität und seinem Körper dieselben Rechte und Freiheiten genießt. Wenn ich diesen Satz ernst meine, muss er auch für Männer gelten.

Trotzdem sitze auch ich hin und wieder einem Männerbild auf, das wir schon längst hinter uns gelassen haben sollten, von dem aber scheinbar nur schwer zu lassen ist: dem starken Mann, dem Unbezwingbaren, der Schulter zum Anlehnen, dem ewigen *Boys don't cry*.

Ich bin 1987 geboren, aber diese über Jahrhunderte tradierten Erwartungen an Männlichkeit stecken auch in mir. Nicht unbedingt auf einer abstrakten oder argumentativen Ebene. Das sitzt viel tiefer, ist geformt von Popkultur, Literatur, kollektiver Erinnerung. Trotz der Neurosen von Woody Allen. Trotz der Glitzeroutfits von David Bowie. Trotz eines Vaters, der einigermaßen freigiebig mit seiner Zuneigung und seinen Schwächen umgeht.

Auch wenn ich meinen Sei-ein-Mann-Anflügen selten stattgebe, machen sie einen Unterschied. Wenn die Emanzipation der Frau auch die Emanzipation des Mannes von den an ihn gestellten Forderungen bedeutet, darf auch ich sie nicht mehr stellen, wenn ich die Gleichberechtigung ernst nehmen will. Weil Männlichkeit eben nicht das Gegenteil von Weiblichkeit ist. Männlichkeit kann kein statisches Gebilde sein. Sie ist historischen Tendenzen und politischen Entwicklungen unterworfen, sie ist menschengemacht und vor allem nicht in der Steinzeit stehengeblieben, wie die immerwährende Rückbesinnung auf das Jagen und Sammeln unterstellt.

Männlichkeit bedeutet heute nicht mehr dasselbe wie 1987 und erst recht nicht wie 1956, als mein Vater geboren wurde. Sie ist in Verruf geraten, war mehrfach in der Krise, wurde kommerzialisiert, individualisiert. Sie funktioniert nicht mehr wie zu Zeiten meines Großvaters als Rüstung oder in seinem Fall als Uniform, für die man zwar ein paar Kilo abspecken muss, in die man sich aber reinquetschen kann. Es gibt kein männliches Prinzip mehr, keinen Mann an sich, keinen gepflasterten Lebensweg, den man als Junge mit dem Gang zum Fußballverein zu beschreiten beginnt und dann immer weiter geradeaus über die Werkbank oder das Eckbüro bis zum Familiengrab entlangwandern kann. Auf einmal blinken Leuchtreklamen am Wegesrand, lauern hinter jeder Ecke neue Verführungen, darf man sich auch mal ausruhen und gehenlassen, ist man nicht mehr Alleinverdiener, aber eben auch nicht mehr Alleinherrscher.

Trotzdem ist das Sichtbarmachen von Schwäche und einer gewissen Weichheit auch im Jahr 2017 noch etwas Besonderes.

Über die Männer meiner Generation heißt es deshalb, sie seien Schmerzensmänner. Weil sie um Verständnis bitten, weil sie Rücksicht nehmen, weil sie Gefühle zeigen. In der

Feuilleton-Debatte um den Schmerzensmann wurde ihnen diese Sensibilität negativ ausgelegt: »Es könnte alles so einfach sein. Vielversprechend bricht das neue Jahr an und wartet auf nichts anderes, als ausgekostet zu werden – champagnerbeschwipst, Hand in Hand schlendernd. Doch irgendwie klappt es nicht. Einer kneift. Der junge Mann von heute feiert nicht trunken vor Glück mit seiner neuen Liebsten – er steht abseits und fröstelt. Verkopft, gehemmt, unsicher, nervös und ängstlich ist er, melancholisch und ratlos. Er hat seine Rolle verloren.« So beschrieb Nina Pauer 2012 die Männer meiner Generation in der Wochenzeitung *Die Zeit*.

Ich glaube nicht, dass das stimmt. Dass der Mann seine Rolle verloren hat. Jedenfalls nicht erst im Jahr 2012 und auch nicht erst 1982 als Ina Deter sang »Neue Männer braucht das Land«. Was ich an dem immer wieder unterstellten Verlust aber interessant finde, ist der Begriff der Rolle, der an den Fachbereichen für Gender Studies mittlerweile nicht mehr benutzt wird. Dort spricht man nun von »Entwürfen«.

Vielleicht aber war Männlichkeit noch nie so sehr ein Rollenspiel wie heute. Eben weil der Machismo langsam verschwindet. Weil die Frauen heute genauso viel können, sollen, müssen wie die Männer und andersrum, ist auf einmal wieder Raum für den Flirt mit der eigenen Geschlechtlichkeit und all den Ansprüchen, Bildern und Karikaturen, die damit einhergehen.

Schaue ich mich in meinem Freundeskreis um, der zwar nicht repräsentativ aber eben auch ein Ausschnitt der Wirklichkeit ist, dann sehe ich junge Männer um die dreißig, die sich nicht festlegen wollen. Weder auf breite Schultern noch auf melancholische Mixtapes.

Sie wollen alles sein, genauso wie die jungen Frauen von heute: sensibel und zugewandt, schwach und überfordert, laut und selbstsicher, egoistisch und lässig. Ihre zeitweilige Breitbeinigkeit ist Koketterie, ein Spiel mit der Erinnerung an ein Männerbild, dem schon ihre eigenen Väter längst nicht mehr entsprechen wollten. Hin und wieder schlüpfen sie in die Rolle des Mad Man, so wie sie zu einem besonderen Anlass Jeans, T-Shirt und Turnschuhe gegen ein weißes Hemd, einen gut sitzenden Anzug und Budapester tauschen. Dann verhalten sie sich galant, posieren, verbrüdern sich, drohen einem Nebenbuhler mit der Faust, schwelgen in der guten alten Männlichkeit, die es so natürlich auch nie gab, was sie wissen, was das Spiel nicht weniger interessant, sondern eher noch provokativer macht.

Sie sind keine Schmerzensmänner. Ich glaube sogar, dass der Begriff der Schmerzensmänner mehr über die Frauen meiner Generation und ihren falsch verstandenen Postfeminismus sagt als über die Männer. Nina Pauer beschreibt den »jungen Mann von heute« nämlich eigentlich nicht, sie beklagt sich über ihn. Weil in ihren Augen nicht nur der junge Mann von heute an sich selbst leidet, es leiden vor allem die Frauen, die ihn lieben müssen. Sie scheint enttäuscht darüber zu sein, dass die Männer sich in Folge der Emanzipation eben auch die vermeintlich guten männlichen Verhaltensweisen abgewöhnt hätten: Frauen in Clubs anzusprechen, ihre Gefühle für sich zu behalten. Damit zementiert sie aber auch Zuschreibungen auf Seiten der Frauen (Wieso können Frauen nicht auch Aufreißerinnen sein?), die längst hinfortgespült gehören.

Ich glaube, wenn eine Generation Schmerzensmänner hervorgebracht hat, dann ist es nicht die meine, sondern die Generation meines Vaters, mit ihren Soldatenvätern und Servicemüttern. Die Männer seiner Generation sind abgebrochene Patriarchen. Ihr Schmerz ist nicht eingebildet. Weil sie tatsächlich etwas verloren haben: ihren Einfluss, die ihnen so lange selbstverständlich zuerkannte Macht zuhause und im Job, als Familienoberhaupt und Chef. Sie haben ihre Deutungshoheit vor ihren Augen schwinden sehen.

Der neue politische Schwanzvergleich, für den ein Mann wie Donald Trump steht, zeugt von diesem Schmerz. Im Vergleich zur aufgeklärten Männlichkeit seines Vorgängers erscheint Trumps Verhalten, diese frauenfeindliche Gewinnermentalität wie ein verzweifelter Versuch, die Zeiten zurück auf »This is a Man's World« zu drehen, und sei es auch nur für vier Jahre. Diese Männer haben tatsächlich etwas verloren. Und sind blind für das, was sie gewonnen haben.

Ihre Söhne leiden nicht mehr an diesen Verlusten. Weil sie nicht wissen, was es bedeutet, das stärkere Geschlecht zu sein. Auch können sie dieser geforderten Stärke oft genug gar nicht mehr gerecht werden. Nicht dem Alleinverdienermodell, nicht dem Schweigen, das mit dem Reden-ist-für-Weicheier-Glaube einhergeht. Das hat möglicherweise ihren Blick für das geschärft, was sie gewonnen haben: Partnerinnen auf Augenhöhe, geteilte Verantwortung, den Zugang zur eigenen Verletzlichkeit, weinen zu dürfen, auch vor den Kumpels, zum Therapeuten zu gehen, Gespräche nicht mehr als Zumutung, als Redeterrorismus zu empfinden.

Weil das erst der Beginn einer Entwicklung ist, kann auch ein 25-jähriger Brite wie Jack Urwin ein Buch wie *Boys don't cry* schreiben, in dem er die Männer seiner Generation auffordert, endlich zu ihrer Zeit zu stehen:

»Durch den Feminismus haben Frauen den Sexisten bewiesen, dass sie alles können, was Männer können [...]. Jetzt ist es an der Zeit, dass die Männer beweisen, dass sie alles können, was Frauen können. Weder werden uns unsere Schwänze abfallen, noch wird Fußball aufhören zu existieren, und niemand wird uns zwingen, in einem Rüschenkleid und High Heels herumzutanzen – aber Frauen werden uns auch nicht verurteilen, falls wir Bock darauf haben sollten. [...] Es wäre nicht das Ende der Männlichkeit, sondern ein Anfang.«

Den ersten Schritt zum Bruch mit der toxischen Männlichkeit der Großvatergeneration haben bereits unsere Väter gemacht. Männer wie mein Vater, der sich geschworen hat, seine eigenen Kinder nicht mit Gewalt aufs Leben vorzubereiten, sondern mit Großzügigkeit. Der sich vorgenommen hat, der Geschichte von Mann und Frau, Vater und Kind etwas entgegenzusetzen, was weiter reicht als jede Ohrfeige: Zärtlichkeit.

Ich glaube, das ist auch der Grund, warum Björn mich an meinen Vater erinnert. Sie verbindet nicht nur, dass sie beide rauchen, schlechte Schwimmer sind und eine Zahnlücke haben. Sondern, dass sie beide Gentlemen sind.

Keine Gentlemen, die auswendig gelernte Manieren vorführen, ohne ihr Gegenüber ernst zu nehmen. Sondern zärtliche Männer.

So wie der US-amerikanische Schriftsteller George Saunders seinen Freund und Autorenkollegen Tobias Wolff beschrieben hat: »Zu Besuch in Syracuse höre ich Toby einen seiner Söhne verabschieden. ›Goodbye, dear‹, sagte er. Ich werde nie vergessen, wie dieser imposante Mann seinen Sohn ›dear‹ nannte.« Die englische Anrede »dear« ist schwer ins

Deutsche zu übersetzen, weil sie mehr meinen kann als »Lieber« oder »mein Lieber«. George Saunders schrieb weiter: »In diesem Moment sind in meinem Kopf alle möglichen Fenster aufgesprungen. Es ist beeindruckend, seinen eigenen Sohn ›dear‹ zu nennen, es ist beeindruckend zu fühlen, dass die Welt ›dear‹ ist, es ist beeindruckend zu versuchen, immer alles als ›dear‹ zu sehen. Toby ist ein imposanter Mann: in seiner Körperlichkeit, in seinen Erfahrungen, mit seinem Charisma. All seine Macht aber ist in Zärtlichkeit kulminiert. Es ist, als wäre das der Sinn von Macht: sich selbst den Zugang zu den höheren Graden der Zärtlichkeit zu erlauben.«

Mit der Tatsache, einen zärtlichen Vater zu haben, muss man erst einmal umgehen lernen. Als Tochter, die mit dem Mythos vom starken Mann aufwächst, der Mutter oft näher ist und die Tendenz spürt, den eigenen Vater zu idealisieren. Als Sohn, für den der Vater nicht selten ein Vorbild ist, ein Hinweis darauf, wie er später als Mann zu sein hat. Das Auflösen der Geschlechterentwürfe, das Spiel mit alten und neuen Rollen fordert alle heraus. Aber vielleicht liegt in der möglichen Verkehrung der Verhältnisse auch eine Chance. Wenn die Töchter stark sein können, weil die Väter schwach sein dürfen, können wir als Kinder und vor allem auch als Töchter die Beziehungen zu unseren Vätern auf einmal selbst gestalten, mitentscheiden. Mein Vater und ich haben das Reden nicht nur vergessen, weil er nicht gefragt und ich nicht geantwortet habe, sondern auch, weil ich es mir bequem gemacht habe in meiner Passivität, in meinen Vorwürfen. Auch ich hätte fragen können – und ebenso gut hätte ich auch einfach mal erzählen können. Reden ist ja nicht nur Frage und Antwort. Reden ist auch Zuhören, Streiten, Draufl osplappern, Sich-Anvertrauen, etwas loswerden, einfach sein. 29 Jahre habe ich das nicht begriffen. Dann reichten drei Tage in Freiburg.

10

Am Samstagabend liegen wir um 20:56 Uhr im Bett. Ich unter dem Frauenschuh. Papa unter dem Echten Steinklee. Um 20:39 Uhr hatten wir den Gastraum in Richtung Zimmer 10 verlassen. Nach einem Drei-Gänge-Menü mit Maultaschen, einem Steak, medium rare, dazu Ofenkartoffeln und Broccoli und dünnen Pfannkuchen mit Beeren zum Nachtisch. Er hat zwei Tannenzäpfle getrunken, ich ein Glas Trollinger. Wir haben über Politik geredet, über Schulz' Ruf nach mehr sozialer Gerechtigkeit und darüber, dass Papa ihm das nicht abnimmt. Über die AfD und Höckes Geschichtsrevisionismus, über die Gefahr, die von Donald Trump ausgeht, was passiert, wenn er wirklich weiter mit Nordkorea zündelt, wenn er wirklich aus dem Klimaschutzabkommen aussteigt. Über meine kleinen Brüder und über unsere Waschlotion mit Salz aus dem Toten Meer – wir benutzen nämlich dieselbe, wie ich an diesem Morgen festgestellt hatte, er für eine gereizte Stelle an der Hand, ich gegen die Pickel auf meinem Rücken, die ich habe, seitdem ich nach 15 Jahren die Pille absetzte. Über das Gefühl von Zusammenhalt und Zusammengehörigkeit, das ihm die Studenten-Verbindung damals vermittelt hat, ihm, dem Sohn vom Land, der eigentlich in Münster studieren wollte, also nah dran, und dann von der ZVS ans andere Ende von Deutschland geschickt wurde.

Neben uns sitzt eine Reisegruppe, elf Männer und Frauen,

alle über 60, die sich nach dem Essen einen einschenken. Papa hat darauf keine Lust. Er trinkt so gut wie keinen Alkohol. Auch gestern Abend, mit seinen alten Freunden nicht, zum Schnitzel bestellte er sich zu Thomas' Erstaunen einen Pott Kaffee und danach noch einen. Er ist müde. Wir gehen in unser Eichenzimmer. Um 20:54 Uhr guckt Papa auf die Uhr und sagt: »Um fünf vor 9 im Bett! Das ist ja schlimmer als im Altenheim.« Ich antworte, dass das wohl was mit ihm zu tun haben muss. Er lacht. Ich schlage vor, noch ein wenig zu lesen. Drei Bücher habe ich aus der Bibliothek mitgenommen: Sämtliche Erzählungen von Thomas Mann, den Erzählungsband *Das dreißigste Jahr* von Ingeborg Bachmann, *Die Enden der Welt* von Roger Willemsen. Gerade bin ich noch auf den letzten Seiten *Raumpatrouille* von Matthias Brandt. Er greift zum Willemsen. »Der ist doch tot, oder?«

Ich weiß nicht, wann ich meinen Vater das letzte Mal etwas anderes habe lesen sehen als die *Oldenburgische Volkszeitung, Die Welt*, die *Bild*, die *FAS* oder einen seiner Westernromane. Trotzdem kenne ich niemanden, der so ein großes Allgemeinwissen hat wie er. Er klappt das Buch auf und liest laut das dem Text vorangestellte Zitat vor: »Er lügt wie ein Augenzeuge.« »Aha«, sagt er und fängt an zu lachen. Ich grinse. »Ach, Papa. Du musst dem Ganzen eine Chance geben!« »Tu ich ja, tu ich ja«, sagt er und liest weiter, seine Lesebrille auf seiner großen Nasenspitze. Ich wende mich wieder den Geschichten von Matthias Brandt zu. Er fährt gerade mit seinem Vater Willy Brandt und mit Herbert Wehner durch die Schrebergärten von Bonn, als Papa das Buch zusammenklappt und verkündet, dass er nun die Augen zumacht:

»So, jetzt bin ich müde!«

»Aber du hast ja noch nicht mal die erste Seite geschafft!«

»Nein, aber bis zu Wort zwölf bin ich gekommen. Das muss reichen für heute.«

Ich weiß nicht warum, aber wir brechen beide in Gelächter aus. Das Bier, der Wein, die Bücher, Papa im Schlafanzug in einem Zimmer, das sich anfühlt, als säßen wir im Innern einer Eiche, die Brille auf seiner Nasenspitze, das Um-neun-im-Bett-liegen, das Altenheim, wir beide, wir beide zusammen auf dem Berghaus, lesend. Unser Lachen fühlt sich in die Jahre gekommen an, als wäre es mit uns gealtert. Kann man verlernen, miteinander zu lachen? Kann man es sich wieder antrainieren? Ich weiß nicht, wann wir das letzte Mal so laut gelacht haben, so, dass mir die Tränen über die Wangen laufen. So, dass am Ende ein »Ahhhh« steht. Ein seufzendes Ausatmen, das den Moment des Nichtfassenkönnens in einen Laut verwandelt und das nur nach situationskomischen Lachkrämpfen auftritt.

So viele Jahre hat entweder der eine über den anderen gelacht oder wir haben über Dritte gelacht, aber nie gemeinsam über uns beide. Warum auch? Es gab ja kein Uns, kein Wir, keinen Moment der Verschwörung, nur eine große Verlegenheit, die das Miteinander so ungelenk gemacht hat. »Awkward« würden die Amerikaner sagen. Als Papa eingeschlafen ist, notiere ich »Endlich« in mein Notizheft und nehme ihm die Brille von der Nase. Denn auch wenn ich nicht unbedingt auf einen Lachkrampf gewartet hatte, auf einen Moment des Loslassens hatte ich gehofft. Weil dieses ganze Unterfangen, das Wegfahren, das Zusammensein in Freiburg, auf dem Berghaus, ja auf keinen Fall scheitern durfte. Nicht, weil ich darüber schreiben wollte; für das Buch wäre es vielleicht sogar besser gewesen, wäre es gescheitert – irgendwie reißerischer, dramatischer. Aber ich glaube, dass sowohl Papa als auch mir die existenzielle Bedeutung dieser Fahrt von Anfang an bewusst war: Scheitert die Reise, scheitern wir.

Nach dem Lachen denke ich: Es ist egal, was jetzt noch passiert. Denn gescheitert sind wir nicht, weil wir zumindest noch was zu lachen haben.

Ich wache auf, durch das offene Fenster dringt Vogelgezwitscher, die Tannenwipfel durchstechen einen grauen Dunst, das Bett neben mir ist leer. Ich checke meine Mails. Es ist Viertel vor 9 Uhr. Papa kommt rein. »Ah, du bist ja schon wach! Ich wollte dich gerade wecken. Um Viertel nach geht's los!« Abreisetag. Er erzählt, dass er vergangene Nacht noch eine kleine Ausfahrt nach Freiburg unternommen hat.

»Wie? Eine Ausfahrt? Wann denn?«

»Um 2. Ich musste raus aus der Flohkiste. Ich habe mich irgendwie unwohl gefühlt. Dagegen hilft nur Fahren.«

»Und, wie war's?«

»Gut. Ich wurde geblitzt!«

»O nein! Na, dann kannste das ja von Deiner To-do-Liste für dieses Wochenende streichen!«, sage ich.

»Erledigt«, sagt er.

Wir lachen. Schon wieder!

»Aber wieso bist du überhaupt losgefahren?«

»Keine Ahnung. Ich wollte nur mal eben gucken. Ich bin halt ein Unicum. Ein Mutant.«

»Ein Mutant? Ein Ninja Turtle? Das sind die einzigen Mutanten, die ich kenne.«

»Warum eigentlich nicht.« Und schon ist er mit seinem Rollkoffer zur Tür hinaus. Einladen. Er fragt von draußen, wo denn mein Wanderstock sei. Er wolle ihn einpacken, ihn für die Nachwelt sichern. Frühstück. Kaffee. Brötchen. Zwei für den Weg. Eins mit Käse, eins mit Salami. »Komm, wir müssen.« Er hat noch einen Termin in Freiburg. Sonntagmorgens um halb elf. Mit Thomas. Ich wandere ein wenig durch die Stadt, zünde für meine Omas und meine Familie drei Kerzen im Münster an, beobachte eine Familie mit drei Kindern, die durch die Stadt spaziert. Die Tochter, die Älteste, läuft hinterher, als gehöre sie nicht dazu. Als unternehme sie ihren eigenen Spaziergang. Ist das so, dass in Familien immer einer den Takt nicht hält?

Als ich um 12 Uhr wieder vor Thomas' und Karins Wohnungstür stehe, bereit zur Abreise, reden die Männer noch übers Geschäftliche. Karin zeigt mir ihr Spielzimmer. Ein kleiner Raum, vollgestellt mit Sachen, die sie aus dem Haus ihrer Mutter mitgenommen hat: das alte Klavier, Vorstehmöbel aus rotem Samt, Spitzendeckchen, Bilder von schwarzweißen Menschen in schwarz lackierten Rahmen, ihre alten Kinderbücher zum Aufklappen, 3-D aus den Fünfzigern, ein kleiner Mahagonitisch, darauf auch ein Foto von ihr und Thomas, wie sie in einem Wohnzimmer auf einem hellen Teppichboden liegen und ihre Hochzeit planen. Fast vierzig Jahre ist das her. Das Bild lässt ein ganzes Eheleben vor meinem inneren Auge aufziehen. Vierzig Jahre nebeneinander aufwachen, Zähne putzen, Brötchen schmieren, abspülen, Tschüss sagen, im Stau stehen. Vierzig Jahre zusammen alleine sein.

Ich war einmal beim US-amerikanischen Botschafter eingeladen, in seiner Residenz in Dahlem, und das erste Gesicht, das mir im Flur entgegenlächelte, von einem Bild aufgenommen an einem Pool, im Arm zwei Kinder, im Hintergrund der Botschafter, war Jon Bon Jovi. Mit welchen Fotos sich die Menschen umgeben, erzählt etwas über sie. Über ihre Eitelkeiten, ihren Stolz, ihren Humor, ihre Hintertürchen, darüber, was ihnen wichtig ist im Leben, woran sie sich gern erinnern, womit sie angeben wollen. Zumal heute, wo kaum noch jemand Fotos entwickeln lässt, geschweige denn in sein Wohnzimmer stellt. Eigentlich ist das Präsentieren von Partner, Familie oder dem letzten Surfurlaub an Wänden oder auf Beistelltischchen seit der Dauerdokumentation auf Instagram überflüssig geworden.

Ich habe nur ein gerahmtes Bild in meiner Wohnung stehen. In der Küche. Es stand auch schon in der Wohnung davor und in der davor und in der davor. Immer in der Küche. Ich glaube, weil ich mich im Schlafzimmer beobachtet gefühlt hätte, und ein Wohnzimmer hatte ich nicht von Anfang an.

Es ist ein Bild meiner Familie – ohne mich. Mein kleinster Bruder hat es mir nach meinem Auszug zu Weihnachten geschenkt. Ein schon ziemlich verblichener Ausdruck eines Digitalkamerafotos mit Selbstauslöserfunktion in einem silbernen Rahmen. Meine Eltern und meine Brüder stehen in unserem Wohnzimmer vor der weißen Bücherwand, Mama ist die Einzige ohne Strümpfe, sie trägt Jeans und einen pinkfarbenen Pullover, mein Papa ein kariertes Hemd, Jeans, meine Brüder Jeans und T-Shirt. Gerahmter Alltag. Meine Brüder waren zum Zeitpunkt der Aufnahme noch gleich groß – das ist lange vorbei. Sie alle schauen etwas steif aber freundlich und irgendwie unschuldig in die Kamera. Mir sagt das Bild: Vergiss uns nicht!

Constantin war kaum 12, als ich von zuhause auszog. Seine Pubertät, sein Erwachsenwerden habe ich im Grunde verpasst. Aber Constantin war nicht der Einzige, der mir etwas mitgab, als ich ging: Mein Papa schickte mir zum Auszug einen Röhrenfernseher und einen Sandwichtoaster nach Berlin. Er meinte, ohne diese beiden Elektrogeräte könne keine Studentin leben. Mama schenkte mir zum Abitur einen goldenen Ring mit einer Perle, die stolz wie eine Krone obenauf sitzt. Sie selbst hat ihn von ihrer Mutter zum Abitur bekommen und diese wiederum von ihrer Mutter zum Abitur, von meiner Urgroßmutter. Mein mittlerer Bruder Maximilian hat mir einen Song mit auf den Weg gegeben: »The Past Recedes« von John Frusciante, dem Gitarristen der Red Hot Chili Peppers, der Band, zu deren Musik wir auf jeder Abiparty gepogt oder gewankt sind. Frusciante kannte ich trotzdem nicht. Aber mein schlagzeugspielender, sich selbst Gitarre beibringender, unter meinem Erstgeborenenbewusstsein leidender, immer etwas schlauere kleine Bruder schon. Es war eines der ersten Lieder, die Björn mir vorspielte. »And then the past recedes and I won't be involved ...«

Das Leben wird vorwärts gelebt und rückwärts gedacht. Erst jetzt fällt mir auf, dass Vergangenheit und Zukunft in diesen banalen Gegenständen miteinander verschmelzen: das Bild auf meinem Kühlschrank, der Fernseher, der Sandwichtoaster, der Ring, der Song, sie waren viel mehr als Abschiedsgeschenke. Sie waren Aufbruchsgeschenke. Und jedes meiner Familienmitglieder hat das gegeben, was er oder sie geben konnte. Simone de Beauvoir schrieb: »Die Harmonie zwischen zwei Menschen ist niemals gegeben. Sie muss immer wieder neu erobert werden.« Ich glaube, das gilt erst recht für die Harmonie mit den Menschen, die man sich nicht selbst ausgesucht hat und die trotzdem zu einem gehören – Familie. Vielleicht muss man sie sich deshalb mindestens einmal im Leben aktiv aussuchen, »Ja!« zu ihnen sagen, wie zu einem Partner: »Ja, ich will deine Tochter sein. Ja, ich will deine Schwester, ich will deine Enkelin sein. Auf mich ist Verlass, auch wenn ich nicht jede Woche anrufe und Weihnachten dieses Jahr lieber mit meinen Freunden in einem Riad in Marrakesch verbringen will.« Um sich nicht auseinanderzuschweigen.

Jahrelang habe ich meinen Freundinnen denselben Spruch von Hilde Domin in Geburtstagskarten und Bücher geschrieben: »Nicht müde werden, sondern dem Wunder leise, wie einem Vogel, die Hand hinhalten.« Bis heute hatte ich den Sinnspruch nie auf mich selbst bezogen. Dabei war die Entscheidung, dieses Buch zu schreiben, nichts anderes, als dem Vogel die Hand hinzuhalten – eine Geste des Weiteraneinanderglaubens. Die Hand, die man dem anderen hinhält, auch wenn man sich jahrelang nicht mehr an den Händen gehalten hat, die Frage, die man dem anderen stellt, auch wenn man es bisher versäumt hat, sich zu interessieren, die Einladung, die man ausspricht, egal, ob sie jemals angenommen wird, das Vertrauen, das man schenkt, wenn man etwas vermeintlich Deplatziertes erzählt, zwischen Vater und Tochter, Eltern und Kind. Ich habe meinem Papa mit dieser Reise die Hand hingehalten, er hat sie genommen. Ich werde es wieder tun müssen. Weil wir keinen Alltag haben, keinen Modus, weil wir es nicht gewohnt sind, uns aufeinander verlassen zu können. Jetzt heißt es: Nicht müde werden.

Dass er sie das erste Mal genommen hat, war der Beweis dafür, dass er ein Gentleman ist. Ich glaube, dass diese Zärtlichkeit der Väter in den Jahren der Pubertät die Grundlage für ein Weiterreden in der Zeit danach sein kann. In dem Alter, in dem ich jetzt bin, an dem Punkt, an dem mein Vater und ich heute sind, so viele Jahre und verpasste Gespräche später, ist sein Gentlementum der lose Faden gewesen, der es uns ermöglicht hat, wieder eine Verbindung herzustellen. Wir konnten unsere Geschichte weiterstricken, ich konnte eine neue Farbe ins Spiel bringen, er das Ganze mit dem Einarbeiten eines längst vergessenen Musters komplizierter, aber damit auch ansprechender machen, und wir konnten Löcher stopfen, von denen wir dachten, dass sie zu groß sind, um je wieder den Luftzügen zu trotzen, die der Job, die Liebe, der Rest der Familie erzeugen. Wir müssen nur darauf achten, dass keiner von uns den Faden wieder fallen lässt. Dass wir uns der Verantwortung füreinander bewusst werden. Dass wir lernen, unsere Erwartungen aneinander offen zu besprechen. Zu sagen, wenn uns etwas nicht passt. Nachzufragen, wenn wir merken, dass es dem anderen nicht gut geht. Zu erzählen, ohne dass einer von uns zuvor die Frage stellen musste: Wie geht es dir?

Wir fahren auf die A5 in Richtung Frankfurt. »Wollen wir nicht eben durch die Pfalz fahren?«, fragt Papa. »Es dauert länger, aber es ist der schönere Weg.« Vor einem Jahr war Papa mal geschäftlich in Hamburg und rief an, um zu fragen, ob er mich mit nach Hause nehmen soll. Ich wollte übers Wochenende eh runterfahren. Es wäre praktisch gewesen – schneller, günstiger. Ich sagte trotzdem Nein und log, dass ich schon ein Ticket hätte. Ich hatte keine Lust, zweieinhalb Stunden alleine mit ihm im Auto zu sitzen. Damals fragte ich mich, worüber wir nur reden sollten. Nun passieren wir Burgen und Weinberge, vor uns liegen noch viereinhalb Stunden, und das erste Mal an diesem Wochenende ist das Gefühl weg, reden, etwas aufholen zu müssen, die ganze Fragenstellerei in Gang setzen zu müssen. Stattdessen denke ich an Magnus, der aus dieser Gegend Deutschlands kommt. Der Umweg durch seine Heimat fühlt sich an wie ein Lebewohl. Ich erzähle Papa davon. Er nickt. Er sieht vergnügt aus. Irgendwie größer als noch vor zwei Tagen. An der Tankstelle hat er eine *FAS* gekauft. Ich lese ihm aus dem Feuilleton vor. Über das neue Museum Barberini und den Streit um den Alten Markt, wo aus Rücksicht auf die zugezogenen Mäzene und aus ästhetischen Gründen nun die alte Fachhochschule abgerissen werden soll. Ein Plattenbau aus den Siebzigern, inspiriert von Mies van der Rohes Bankgebäude in Des Moines, Iowa. Er sagt: »Was erhoffen die sich davon? Glauben die, dass sie die DDR so einfach abreißen und wegkarren können? Wenn das Gebäude so toll ist, wieso erhält man es nicht? Wäre doch ein schönes Zeichen für die Potsdamer. Die haben doch sicher auch gute Erinnerungen an die DDR. Versteh ich nicht, so was.«

Die Vergangenheit ist nie zu Ende. Nicht für die Potsdamer und auch nicht für uns. Auch wir können die letzten zehn Jahre nicht abreißen und wegschaffen. Nicht so tun, als wäre zwischen uns immer alles gut gewesen. Wir werden diese Jahre nicht zurückbekommen. Nichts wird je wieder so werden wie früher. »Früher« ist vergangen und ist doch weiterhin. Weil diese Reise nur der Anfang von etwas war, was noch ein Leben dauern wird. Das wird im Auto klar, beim Blick auf das Bild des Alten Marktes in der Zeitung.

Wir tauschen. Ich fahre die Sauerlandlinie. Papa schläft sofort ein. Ich lasse mir von Yiyun Li die Geschichte »The Trouble with Mrs. Blynn, the Trouble with the World« von Patricia Highsmith vorlesen, die 2002 im *New Yorker* erschienen ist. Darin heißt es: »Life is a long failure of understanding.« Ausgerechnet jetzt, in diesem Augenblick diese Zeile: Ich fühle mich verstanden und zugleich herausgefordert, sie zu widerlegen. Einfach unermüdlich weiterzureden. Vielleicht ist das Leben dann trotzdem ein langes Scheitern des Verstehens, vielleicht ist es aber auch ein langer Versuch des Verstehens. Sollte er trotzdem misslingen – was wahrscheinlich ist, da für volles Verständnis vollständiges Wissen vonnöten ist und niemand alles über einen anderen Menschen weiß, und ganz sicher nicht ein Vater über seine Tochter und andersrum –, hat man sich zumindest nicht geschlagen gegeben.

Am Horizont taucht das McDonald's-Schild der Filiale in Holdorf auf. Unsere Abfahrt, für mich jedes Mal das Zeichen, gleich wieder zuhause zu sein. Ich mache das Fenster auf. Es riecht nach trockenen Feldern, nach feuchtem Wald, dazwischen hängt eine Schweinestallfahne. Zuhause angekommen, steht Mama schon in der Terrassentür, hinter ihr ist der Tisch gedeckt, der Weißwein kaltgestellt. Sie breitet ihre Arme aus und drückt mir viele kleine Küsse auf die Wange. »Na! Wie war's?« »Schön!«, antworten Papa und ich gleichzeitig. »Erzählt doch mal!«

Ich gehe kurz ins Bad, Hände waschen, während Papa anfängt, von unserem Wochenende zu berichten, dem Besuch bei Thomas und Karin, wie wir Arm in Arm am Rheinfall entlangspaziert sind.

»Und, redet ihr jetzt wieder miteinander?«, fragt Mama. Papa fragt zurück: »Meinste, wir haben das ganze Wochenende geschwiegen?«

»Na ja, man weiß ja nie«, sagt sie.

»Stimmt«, er hält inne und sagt: »Es hat schon ein bisschen gedauert, bis wir wieder warm miteinander waren. Aber ich hätte nicht gedacht, dass Mareike und ich so ein gutes Team sein können.«

Sie sehen mich nicht, aber ich höre sie. Uns trennen eine Tür und kaum drei Meter. Ich schaue in den Spiegel. Ich sehe seine Sommersprossen.

Dank

Dieses Buch ist eine Liebeserklärung an die Menschen, die mich lieben. Deshalb möchte ich besonders Papa danken, Mama, meinen Brüdern und meinen Großmüttern für ihr Vertrauen und ihre Offenheit. Dafür, dass sie mich dieses Buch über uns haben schreiben lassen.

Ich danke Björn für seine Liebe. Für die Gespräche und Kritik, für die Geduld und das genaue Lesen. Ohne ihn hätte ich mich niemals an dieses Thema herangetraut. Ohne ihn hätten mein Vater und ich vielleicht nie wieder zueinandergefunden.

Für ihre Freundschaft möchte ich mich bei Lena, Anne, Karina, Aïcha, Tini, Mareike, Julia und der Kommune bedanken. Ich danke Mara Hellmann für die Titelgestaltung und ihre beruhigende Art. Ich danke dem Suhrkamp Verlag, Thomas Halupczok und Sabine Erbrich für ihren Glauben an dieses Buch. Und ich danke meinem Agenten Alfio Furnari von Landwehr & Cie für alles.

Zitatnachweise

S. 142: Hanna Rosin, *Das Ende der Männer.* © 2013 Berlin Verlag in der Piper Verlag GmbH, Berlin.

S. 147f.: Mareike Nieberding, »Die gebrochenen Herzen der amerikanischen Provinz«, in: *Frankfurter Allgemeine Sonntagszeitung*, 7.8.2016. © Alle Rechte vorbehalten. Frankfurter Allgemeine Zeitung GmbH, Frankfurt. Zur Verfügung gestellt vom Frankfurter Allgemeine Archiv.

S. 171: Nina Pauer, »Die Schmerzensmänner«, in: *DIE ZEIT*, Nr. 2/2012.

S. 174: Jack Urwin, *Boys don't cry: Identität, Gefühl und Männlichkeit.* © Edition Nautilus GmbH, Hamburg 2017.